Mi Orgullo Americano

El Migrante, Soldado, y Agente Federal

"Una historia de servicio, sacrificio y orgullo de un hispanoamericano."

Sergio A. Tinoco

Mi Orgullo Americano
Copyright © 2026 by Sergio A. Tinoco

ISBN: 979-8994488256 (hc)

ISBN: 979-8994488232 (sc)

ISBN: 979-8994488249 (e)

Proud American Journey
(956) 376-1629
proudamericanjourney@gmail.com
www.proudamericanjourney.com

VOCES DE LECTORES INSPIRADOS POR ESTE VIAJE

"Un relato cautivador sobre la perseverancia y el sueño americano, perfecto para inspirar a jóvenes lectores a comprender lo que significa ser un americano con orgullo."

— *Jenny*

"Inspirador y profundo, este libro te coloca dentro de la vida del autor con gran emoción y autenticidad."

— *Cristela Chavez*

"Esta memoria se siente como sentarse con un ser querido y escuchar una vida narrada con honestidad, humor y dolor. Abrió mis ojos a las luchas de los migrantes el servicio y la resiliencia."

— *JB*

"Una autobiografía cruda e inspiradora que revela la realidad de la vida migrante y el valor necesario para romper ciclos generacionales."

— *Ethan V*

"Este emotivo testimonio muestra cómo el autor pasó del trabajo migrante al servicio militar y federal con determinación y reflexión."

— *Georgia Peach*

"Un testimonio valiente y significativo de un patriota mexicano-americano que ama a su país mientras enfrenta la marginación—una lectura importante y reveladora."

— *Amazon Customer (Australia)*

"Este poderoso testimonio te sumerge de inmediato en el recorrido del autor, desde niño migrante hasta soldado y agente federal, narrado con honestidad y corazón."

— *Peggy Jayne*

"La transformación de Tinoco, de trabajador migrante a miembro de las fuerzas armadas, es inspiradora e inolvidable."

— *Claudia Perez*

"Un libro inspirador y emotivo lleno de risas, lágrimas y valiosas lecciones sobre superar circunstancias difíciles."

— *Melissa Cantu-Mitchell*

"Una historia auténtica y conmovedora que me hizo reír, llorar y apreciar cada paso del camino hacia la hombría del autor."

— *pamela g.*

"Una historia de éxito estadounidense que ilustra compromiso, perseverancia y ética laboral—un ejemplo perfecto para los jóvenes."

— *Rosie Gibson*

"Emocionante e inspirador, reforzado por fotografías que conectan al lector con la vida del autor al instante."

— *SAM*

"Una memoria impactante para cualquier persona con raíces inmigrantes, recordándonos que el orgullo por nuestras raíces y por los Estados Unidos puede coexistir."

— *Adrian D. Alaniz*

"Una mirada reveladora a la niñez migrante, los conflictos familiares y la ambición, narrada con honestidad y admirable carácter."

— *Lisa Yeager*

"Este testimonio me hizo reír, llorar y reflexionar sobre la importancia de nunca abandonar nuestros sueños."

— *Lucero Estrada*

"Una historia impactante sobre superar la adversidad, narrada con escritura vívida e imágenes poderosas."

— *Alex Medina*

Dedicatoria

Para mi mamá y mis abuelos. Estoy eternamente agradecido por los sacrificios que hicieron por mí. Los amo y los extraño profundamente.

A mi esposa, gracias por emprender este viaje conmigo. Sin ti, caminaría sin rumbo por la vida. Mi amor por ti es eterno.

A mis hijos, nunca dejen de soñar, nunca dejen de buscar maneras para mejorar; crean que pueden, y lo harán. Los amo.

Nota del Autor

No escribí este libro para revivir mi pasado; lo escribí porque por demasiados años, mi pasado vivió dentro de mí.

En silencio.

En los espacios entre el deber, la paternidad y el hombre en el que seguía intentando convertirme.

Durante la mayor parte de mi vida, me convencí de que la mejor manera de seguir avanzando era enterrar todo lo que no quería sentir. Los despliegues, las pérdidas, los errores, la culpa, los momentos que aún desearía poder reescribir… eran cosas que cargaba como piedras en una mochila que me negaba a dejar en el suelo. Me repetía que alguien como yo no tenía derecho a sentirse cansado o roto. Pensaba que la única opción era seguir adelante.

Pero los recuerdos no desaparecen solo porque nos neguemos a hablar de ellos.

Escribir este libro me obligó a sentarme con los momentos que me formaron: los buenos, los dolorosos, los que me llenaron de orgullo y los que me hicieron caer de rodillas. Escribí estas páginas con honestidad, incluso cuando la honestidad dolía profundamente. Algunos recuerdos son afilados; otros se han suavizado con el tiempo. Pero las emociones son reales, y pertenecen tanto al hombre que fui como al hombre en que me convertí.

Si este libro llega a alguien, espero que llegue a:
El veterano que aún carga cosas que tiene miedo de nombrar.
El soldado que regresó a casa sintiéndose un extraño en su propia vida.
El hijo de inmigrantes que creció atrapado entre dos mundos.

La persona que sabe lo que se siente ser fuerte para todos los demás, pero no tiene idea de dónde colocar su propio dolor.

La persona que pensó que tenía que enfrentar todo solo.

Y la madre, el padre, la esposa, el esposo o el hijo, la hija que alguna vez se ha preguntado qué guardan por dentro los miembros del servicio pero no pueden decir en voz alta.

Este libro no es una historia política.

No es una historia de héroes.

No es una historia perfecta.

Es simplemente mi historia, escrita tan verazmente como pude contarla.

Finalmente encontré el valor para contarla porque mis hijos merecen conocer el camino que moldeó a su padre. Merecen conocer las batallas que me construyeron, los errores que me hicieron humilde y el amor que me mantuvo en pie cuando sentía que me derrumbaba.

Quiero que sepan que la fuerza no se encuentra en pretender que eres irrompible. Se encuentra en levantarte cada vez que la vida intenta derribarte.

También escribí esto para honrar a las personas que me formaron: mi madre, mis abuelos, mis hermanos y hermanas de familia y de uniforme, y cada persona que creyó que podía levantarme incluso cuando yo mismo dudaba. Su amor y sacrificio están entretejidos en estas páginas, así como lo están en mi vida.

Gracias por elegir recorrer este viaje conmigo.

Gracias por darle a estas páginas espacio para respirar.

Gracias por permitirme decir las cosas que guardé dentro durante demasiado tiempo.

Esta es mi verdad.

La ofrezco con humildad, gratitud y la esperanza de que, en algún lugar de estas páginas, encuentres un pedazo de fuerza que también te pertenezca a ti.

— Sergio A. Tinoco

Capítulo 1

Mi Camino hacia las Armas

Recuerdo una época en la que todo lo que podía pensar era en salir del pueblo donde crecí, Weslaco, Texas. Estaba tan harto de tener que trabajar en los campos, recogiendo cosechas. Era un trabajo extenuante y no pagaba casi nada. Pasaba mis fines de semana y días festivos en los campos de otra persona mientras mis compañeros de escuela se divertían con sus amigos o con sus familias. Desde niño, todo lo que podía pensar era en romper este ciclo, que mi familia consideraba nuestra única forma de vida. Era terco, aunque mi familia me veía como un soñador por querer hacer algo distinto con mi vida.

Mi viaje hacia lo desconocido comenzó con un camino sin trazar para alistarme en el ejército, algo que decidí tomar por primera vez en el verano de 1992. Estaba por comenzar mi último año de preparatoria y no tenía idea de lo que iba a hacer después de graduarme. Ya había sido trabajador migrante durante diez años de mi vida. Sabía que no quería seguir recogiendo cosechas en los campos de Michigan ni de ningún otro estado. Tenía que romper el ciclo en el que mi familia había estado atrapada por cuatro generaciones. Quería algo mejor para mí, pero tenía miedo porque no conocía otra cosa más que recoger frutas y vegetales como fresas, pepinos y tomates para ganarme la vida. Me daba miedo salir de este vecindario pobre que había sido mi hogar desde los cinco años. Había tomado la decisión de que el miedo o cualquier otra cosa en el mundo no me impedirían salir de ese lugar.

Una tarde de ese verano, un amigo mío me llamó para avisarme que estaba pensando en unirse a los Marines. Zenaido me preguntó si quería acompañarlo a la oficina de reclutamiento y ver lo que tenían para ofrecer. Hasta esa llamada telefónica, nunca había pensado ni considerado unirme al ejército. Cuando acepté ir con él, fue simplemente un amigo acompañando a otro. El ejército nunca había entrado en mi mente como una opción para dejar mi ciudad natal o para hacer algo con mi vida. Solo iba como un favor y apoyo, nada más.

De camino a la oficina de reclutamiento, Zenaido me iba contando por qué había decidido unirse a los Marines. Al igual que yo, él también quería salir de ese pueblo y sentía que era su única oportunidad de hacerlo. Me parecía extraño que dos muchachos criados en familias tan unidas quisieran alejarse tanto de ese lugar y de sus seres queridos. Estaba tan perdido en mis pensamientos sobre encontrar una salida que prácticamente no escuché a mi amigo. Solo asentía en los momentos apropiados, pero mi mente estaba en otro lado, buscando una solución a mis propios sueños de escapar del camino migrante.

En la oficina de reclutamiento, nos mostraron el típico video de entrenamiento de los Marines junto con otros videos de reclutamiento que prometían el mundo, una fuerte hombría, beneficios educativos y todas esas cosas que hacen creer con la emoción y la euforia de las aventuras locas pero emocionantes de la vida militar. Nunca había visto ni escuchado tantas promesas vacías en mi vida, y, aun así, las escuchamos todas en un lapso de dos horas. Salimos de ahí con un puñado de folletos y fechas para el examen ASVAB, junto con cartas para que nuestros padres firmaran porque aún éramos menores de dieciocho años. Hasta el día de hoy no sé qué ocurrió dentro de esa oficina que me hizo querer alistarme. Lo único que puedo decir es que caí en la emoción y en la euforia. Mi amigo estaba emocionado y no podía esperar para irse al entrenamiento, mientras yo seguía intentando entender lo que había sucedido. Él me llevó a casa y me agradeció por acompañarlo en la próxima aventura de nuestras vidas.

Cuando bajé de la camioneta, mi abuelo estaba afuera con mi abuela. Él estaba regando unas plantas mientras ella lo observaba sentada en su silla mecedora. Le habían diagnosticado cáncer terminal aproximadamente un mes antes y ya no podía hacer casi nada. Me acerqué a ella y la besé en la mejilla. Se veía muy frágil y cansada. Me preguntó por los papeles que tenía en la mano, así que respiré hondo y le pedí a mi abuelo que dejara lo que estaba haciendo y se uniera a nosotros porque tenía algo importante que decirles.

Mis abuelos me habían criado desde los seis años, y toda mi vida los había llamado Mamá y Papá. Hasta ese momento, no había comprendido que estaba a punto de ser portador de malas noticias. Nadie en la familia había hablado jamás de la posibilidad de unirse al ejército. Por alguna razón, ese tema nunca había salido, al menos no que yo recordara. Fue esa realización la que me hizo sentir como el portador de malas noticias. Mi familia sí me impulsó hacia la educación, pero jamás se habló de convertirme en doctor, abogado, gerente o farmacéutico. Ninguna profesión fue fomentada más que recoger cosechas. Aun así, sabía en el corazón que la razón por la que nunca se mencionó el ejército era porque lo consideraban algo extremadamente peligroso.

Me enfrenté a mis abuelos y les entregué los folletos. Mi abuela me los arrebató y les dio una ojeada rápida antes de dejarlos caer sobre el regazo de mi abuelo. Me miró con una voz muy severa y me preguntó qué estaba pensando hacer con esos folletos. Respiré hondo y comencé a explicarles. Les hablé de no querer seguir viviendo como trabajador migrante, de querer ver qué más tenía el mundo para ofrecer. Les hablé de mis sueños de vivir en un mejor vecindario, en una casa más grande. Les hablé de querer dejar Weslaco, Texas. Por último, les hablé de querer continuar mi educación después de la preparatoria y de cómo el ejército pagaría por ello.

Mientras hablaba, vi las expresiones en sus rostros y supe que no aceptaban nada de lo que decía. Mi abuelo tenía una expresión de derrota. Ahí estaba su nieto, a quien había criado como a un hijo, diciéndole que todo por lo que había trabajado no era suficiente. Podía ver cómo mis palabras lo atravesaban. Me sentí como un ingrato que no merecía nada de lo que él había hecho por mí. Ese día, en ese momento, su hijo se perdió, y mi abuelo dejó de reconocer al muchacho que tenía frente a él.

Mi abuela se veía molesta, y lo confirmó con sus acciones. Tan débil como estaba, reunió fuerzas para levantarse de su silla mecedora. Rápidamente intenté ayudarla, pero me reprendió y me dijo que la dejara sola. Temblando por el dolor, el enojo y la determinación, logró ponerse de pie y se plantó frente a mí. Me dijo que la mirara y la escuchara, mientras me lanzaba de nuevo los folletos de los Marines. La miré, tan débil, y ella me dijo:

—No voy a decirte qué hacer, pero sí te diré esto: si quieres que me muera, adelante... ¡únete a los Marines!

Después de decir eso, se dio la vuelta lentamente y trató de alejarse. Estaba demasiado débil y apenas pudo dar un paso. La tomé del brazo para ayudarla, pero una vez más me rechazó y me dijo que la dejara sola. Mi abuelo se levantó y la ayudó a entrar a la casa.

Me quedé afuera, llorando, sin poder creer lo que acababa de pasar, con los folletos tirados en el suelo a mi alrededor. No había previsto este dolor. Ni Dios mismo podría haber hecho lo que esa frágil mujer acababa de hacer. Sus palabras me atravesaron el corazón mientras colocaba su muerte inminente sobre mí y mis decisiones. Me quedé allí un buen rato, mirando nuestra pequeña casa y al cielo, tratando de encontrar una solución a lo que había pasado. Me sentía avergonzado por haber lastimado a mis abuelos. ¿Cómo podía ser tan desconsiderado? Recogí los folletos y entré a la casa. Caminé hacia el bote de basura y tiré todos los folletos y papeles. La idea de convertirme en Marine jamás volvería a cruzar mi mente.

Un mes después, comencé mi último año de preparatoria, todavía sin saber qué hacer con mi vida. Para entonces, mi amigo ya había tomado el examen de ingreso militar, el ASVAB. Obtuvo una calificación suficientemente alta, lo suficiente para conseguir un trabajo dentro de los Marines que le serviría después de terminar su servicio. Cuando intento explicármelo no lo entendí porque usaba el mismo lenguaje militar del reclutador. Para ser sincero, creo que él tampoco lo entendía. Catorce años después supe que lo habían entrenado como mecánico de motores de helicópteros y aviones.

La condición de mi abuela empeoró, y mi abuelo ya no podía trabajar tanto. Yo solo asistía medio día a la escuela, así que comencé a trabajar dos empleos. Trabajaba como mesero en un restaurante chino de 1:00

p. m. a 10:00 p. m., y despúes como cajero en una tienda de licores de 10:30 p. m. a 2:00 a. m. Mantuve esa rutina para ayudar con los gastos en casa y mantenerme fuera de los campos. Aún tenía tareas y estudios, así que usaba cada descanso de cinco o diez minutos para avanzarlos. Terminaba mis tareas en el restaurante y estudiaba en la tienda de licores. El horario era duro, pero lo veía como un medio para lograr algo. El ciclo de trabajador migrante terminaría conmigo. Lo que no veía en ese momento era que mi horario no me dejaba tiempo para mí. Estaba cegado por mi determinación y no dejaba espacio para buscar otras opciones o perseguir metas que me llevaran más allá de la graduación. No tenía tiempo para descansar ni para pensar en mi futuro.

El 5 de diciembre de 1992 es un día inolvidable. había hecho frío toda la semana, pero una llovizna ligera hacía ese día aún más helado e insoportable. Teníamos una fogata afuera para calentarnos mientras hablábamos de tiempos pasados. Toda la familia estaba ahí. Mi madre llevaba tres días con nosotros. Uno de mis tíos la había traído desde Reynosa, México para que pudiera pasar tiempo con mi abuela. Mirando atrás, creo que todos sabíamos que lo inevitable se acercaba. Algunos solo teníamos más dificultad para aceptarlo.

Eran las 8:00 p. m., y todos estaban afuera excepto tres personas. Mi hermano mayor y yo estábamos dentro, sentados junto a la cama de mi abuela. Ella había sido una mujer fuerte toda su vida. Había recogido cosechas y cuidado de su familia durante toda su vida adulta. Mi hermano y yo tomamos su mano mientras nos miraba por última vez. En ese momento, derramó una lágrima y falleció. Lloramos en silencio, y poco después escuché pasos apresurados entrando y gente llorando. Más tarde, un familiar me dijo que las llamas de la fogata habían subido muy alto y que, de pronto, el fuego se extinguió por completo, como si alguien hubiera echado agua encima. Dijo que todos lo vieron y que supieron que ella había muerto en ese instante.

Después de su muerte, muchas cosas cambiaron en mí. Estaba enojado con ella y con Dios. Yo había cumplido mi palabra de no alistarme en los Marines. ¿Por qué ella no cumplió la suya? ¿Por qué me dejó? Ella tenía que saber que yo la necesitaba. Necesitaba su guía. Sabía entonces, como sé ahora, que todos morimos en algún momento, pero no entendía por qué tenía que suceder así y en ese punto de mi vida. Continué mi último año escolar como pude. Los pensamientos de no poder continuar mis estudios seguían rondando mi mente, pero ya no me afectaban tanto como antes. Mi búsqueda de algo mejor terminó, y solo quería alejarme.

Me gradué de Weslaco High School el 29 de mayo de 1993. Estaba en el 10 por ciento superior de mi clase de aproximadamente 648 estudiantes. Un mes después, estaba en un avión hacia Fort Knox, Kentucky. Me había alistado en el Ejército. Seguía diciéndome que había honrado mi palabra a mi abuela porque nunca me alisté en los Marines. Seguía diciéndome que estaría bien. Estaba aterrado y no sabía qué esperar. No sabía que acababa de dar mi primer paso hacia un viaje de experiencias desconocidas e inolvidables, que pondría a prueba mi fortaleza de maneras sumamente duras.

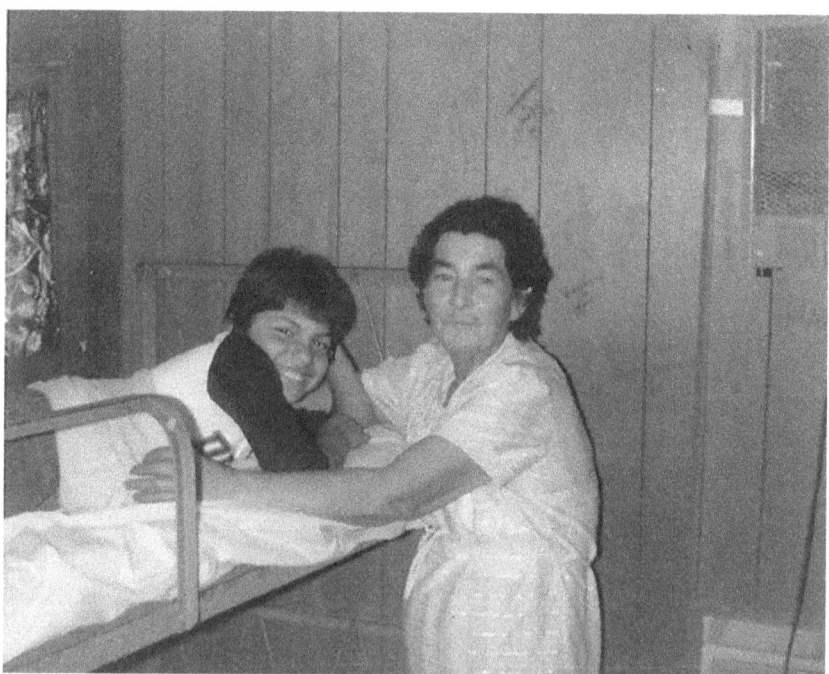

Mi abuela y yo en un área de descanso para migrantes en Hope, Arkansas, de camino a Michigan un verano.

Capítulo 2

Mi Comienzo

Desde los siete años, he usado el poder de mi imaginación para refugiarme, y la música para escapar de situaciones que no consideraba favorables para mi bienestar personal. Dicen que la infancia es cuando la imaginación corre libre sin las barreras del día a día: trabajo, preocupaciones por las cuentas, preguntarse qué traerá el mañana o incluso de dónde vendrá la próxima comida. Todos estos asuntos parecen darse por hecho hoy en día. Ahora los niños se preocupan por el próximo videojuego que va a salir —o que ya salió y aún no tienen—. Mis propios hijos se inquietan por cosas frívolas: qué recibirán por una buena calificación, qué les compraremos en la tienda o qué nuevo aparato electrónico tendremos que adquirir para ellos.

Por favor, no piensen que me quejo de lo que los niños se preocupan hoy; mi esposa y yo trabajamos duro para que nuestros hijos tengan y disfruten todas las cosas con las que nosotros solo podíamos soñar en nuestra infancia. A veces solo es difícil ajustarse a ese cambio de mentalidad. Especialmente cuando nos sentamos en casa y realmente asimilamos todo lo que nuestros hijos tienen y todo lo que hemos logrado nosotros mismos.

Desde los siete hasta los dieciséis años, mis fantasías me llevaban a lugares lejanos donde podía correr libre sin tener que romperme la espalda todos los días por lo que en ese tiempo yo consideraba una vida mediocre. Verás, empecé a recoger cosechas con mis abuelos cuando tenía siete años. Mi madre vivía en Reynosa, México, y yo tuve la suerte de haber nacido en Estados Unidos. Supongo que incluso mientras estaba dentro del vientre de mi madre, ya sabía cuál era el mejor país del mundo. Mi madre estaba de visita con sus padres en un pueblo fronterizo del sur de Texas llamado San Juan cuando una fuerza mayor decidió que era hora de que yo saliera al mundo y me uniera a las masas que viven en este gran país. Nací en Pharr, Texas, en noviembre de 1974, ciudadano americano.

Nunca he conocido ni recibido información sobre mi padre biológico. No me interesa saber las razones por las que no estuvo presente cuando nací. Nunca me ha interesado. Cuando cumplí quince años, mi madre me pidió que me sentara en la sala de su pequeño departamento de dos habitaciones en Reynosa. Obedecí, preguntándome de qué se trataba todo. Ella comenzó diciendo que era momento de que supiera más sobre mi padre biológico. De inmediato me levanté, la miré directo a los ojos y le dije que nunca quería saber nada acerca de ese hombre. Había sobrevivido quince años sin conocerlo y había hecho de mi abuelo mi figura paterna; podía seguir viviendo igual. Nada tenía que cambiar.

Al principio, mi madre no tomó bien mi respuesta y no alcanzaba a entender por qué yo no quería saber nada sobre él. Para ser honesto, yo tampoco tengo una respuesta concreta. No recuerdo haberme preguntado quién era mi padre, y si alguna vez lo hice, quizá lo bloqueé de mi memoria. Pasé mi infancia buscando en otros hombres orientación y apoyo, principalmente en mi abuelo. Puedo decir que no había encontrado a alguien a quien quisiera emular de adulto. ¿Cómo podría? Aunque estaba rodeado de buenos hombres en mi familia, ya había aprendido sobre el trabajo duro —una lección que comenzó a mis siete años—. Saber algo de un desconocido ahora no iba a cambiar ninguna de mis experiencias. Después de eso, la conversación terminó y nunca se mencionó de nuevo. Tal vez debí haber reaccionado distinto y aceptar aprender algo sobre el hombre responsable de traerme al mundo.

Entonces, ¿qué tiene esto que ver con que yo recogiera cosechas a los siete años? Bueno, después de nacer, viví con mi madre en México hasta que llegó el momento de comenzar la escuela. Mis abuelos, junto con mi madre, tomaron la sabia decisión de permitirme estudiar en Estados Unidos, así que comencé a vivir con ellos mientras mi madre seguía en México. Estoy seguro de que fue difícil al principio. Simplemente no recuerdo qué tan duro fue para ambos a esa edad. Sin embargo, sí recuerdo vagamente que, a los seis años, estaba jugando afuera cuando vi llegar a mis abuelos en una vieja camioneta Ford que remolcaba un tráiler desgastado lleno de pertenencias. Caí de rodillas y comencé a llorar al verlos. Habían estado fuera todo el verano, y los había extrañado muchísimo. Me habían dejado con su hijo mayor y su esposa mientras ellos migraban a Michigan para trabajar en los campos. Incluso a esa edad, mis emociones me abrumaron tanto que mi cuerpo simplemente se derrumbó. No lo sabía entonces, pero así reaccionaría mi cuerpo cada vez que las emociones fueran demasiado para mí.

Fue, sin duda, un momento de gran alegría en mi vida. Mis abuelos, a quienes amaba mucho, habían regresado, pero no pude reunir fuerzas ni para correr hacia ellos y abrazarlos. Me tomó unos momentos recuperar la compostura —y la ayuda de mi tía Ofelia— para finalmente reaccionar como cualquier niño lo haría. Corrí por los escalones del porche y abracé la pierna de mi abuelo antes de que él me levantara. Mi abuela, nerviosa tras ver mi colapso, corrió alrededor de la camioneta para saber qué había pasado. No tenía respuesta. Yo mismo no entendía. Mi tía tampoco sabía qué decir, porque no había motivo para que yo reaccionara así en un momento tan feliz. Sabía que estaba contento de verlos, pero al mismo tiempo sentía dolor.

Recuerdo que los abracé con fuerza, llorando desconsoladamente, rogándoles que nunca me dejaran atrás otra vez. Que me dijeran, que me prometieran que me llevarían donde ellos fueran. No lo sabía entonces, pero realmente estaba pidiendo perder mi infancia. Estaba pidiendo unirme a ellos en los campos, recogiendo cosechas a una edad temprana. Al final, no fue tanto que mis abuelos concedieran mis deseos. ¿Dónde me quedaría? Mi madre trabajaba largas horas en una planta de Zenith fabricando televisores en Reynosa. Supongo que no había nadie de confianza para cuidarme mientras ella trabajaba, al menos durante los veranos en que mis abuelos migraban. La única solución posible fue llevarme con ellos. Así que, el verano siguiente, a los siete años, me convertí en trabajador migrante.

Vivíamos en una casita de madera de unos setecientos pies cuadrados, solo un poco más grande que un garaje para dos autos. La casa tenía tres puertas: la principal, la trasera y la del baño. En el centro había una pared que la dividía en dos secciones básicas.

La sección más grande contenía la cama de mis abuelos, el área común o sala, y la cocina con su mesa de comedor. La sala era un espacio pequeño de no más de ocho por diez pies.

La sección más pequeña tenía dos camas y el baño. Solo había un pequeño clóset para todos, ubicado dentro del baño. Los clósets de mis hijos hoy en día probablemente son tres veces más grandes que ese clóset familiar de seis personas.

Teníamos tres camas: dos matrimoniales y una individual, para un total de seis personas. Mis abuelos dormían en una cama ubicada junto a la entrada, en lo que también era la sala. Mis dos tíos dormían en la otra cama matrimonial. La cama individual era para mi tía. Las camas estaban una junto a la otra, separadas solo por un cabecero.

Yo no tenía cama. Dormía en el piso frente a la cama de mis abuelos, en el área común. Dormí allí durante diez años y no tuve una cama hasta que mis tíos se casaron y se fueron del hogar.

Los primeros años tuvimos una letrina en la esquina del patio trasero. Cada vez que el hoyo se llenaba, había que moverla a otro lugar y cubrir el hoyo viejo. Ese patio tuvo más fertilizante natural del que uno quisiera recordar. Nos tomó cuatro años conseguir un verdadero excusado con agua corriente.

Como no había agua corriente al principio, usábamos cubetas de pintura de cinco galones para bañarnos. En invierno, bañarse tomaba tiempo porque primero calentábamos el agua en la estufa de gas y luego la mezclábamos con agua fría en las cubetas hasta alcanzar una temperatura tolerable.

Cada verano, de mayo a octubre, migrábamos a Blissfield y Deerfield, Michigan, para trabajar en los campos. Recogíamos pepinos, tomates, fresas, melón cantalupo y chiles largos tipo banana. Claro, siendo un niño de siete años, no podía hacer mucho trabajo pesado, pero una mano extra siempre servía.

Mi abuela nos despertaba entre las cuatro y media y cinco de la mañana para alistarnos y desayunar. Estos son recuerdos queridos de mi infancia: oler las tortillas de harina recién hechas. Yo estaba un poco mimado porque era tan delgado que todos pensaban que tenía lombrices. Mi abuela me hacía comer tres tortillas calientes con mantequilla antes de desayunar con el resto de la familia. Crecía junto a mis tíos y tía como si fueran mis hermanos.

Cuando limpiábamos los campos de hierbas, comenzábamos a trabajar con la luz del día. En cuanto podíamos ver, trabajábamos. Trabajábamos sin parar hasta que mi abuelo decía que era hora de volver a casa. Hacíamos una pausa al mediodía para almorzar. Esos almuerzos eran divertidos: nos relajábamos, bromeábamos y mi abuelo incluso disfrutaba el descanso. Abríamos la compuerta trasera de la camioneta para comer ahí, buscando cualquier sombra disponible. También nos criticábamos unos a otros según lo avanzados que estuviéramos en nuestras filas de trabajo.

Desyerbar era lo más fácil de todos nuestros trabajos. Caminábamos con el azadón en la mano, arrancando las hierbas y contando historias o cantando canciones que todos conocíamos. Bueno, al menos canciones que creíamos conocer. Siempre había alguien que se equivocaba en la letra y de inmediato había risas y burlas. A veces mi abuelo se unía a los cuentos y nos hablaba de épocas pasadas cuando él era niño.

Otras veces estaba preocupado por algo que sucedía en México con sus tres hijas y sus familias. En esos momentos aceleraba y trabajaba adelante de nosotros o disminuía el paso y se quedaba atrás. Supongo que necesitaba tiempo para aclarar sus pensamientos y encontrar una solución a lo que fuera que le preocupaba. Pero cualquiera de las dos acciones tenía consecuencias.

Si avanzaba rápido, no podíamos reír demasiado porque había trabajo que hacer. Dependiendo de su nivel de preocupación, nos regañaba pidiéndonos que dejáramos de jugar.

Lo peor era cuando se quedaba atrás. Entonces encontraba fallas en nuestro trabajo, quizá que no habíamos sacado bien una hierba o que habíamos dejado una. Si era así, normalmente gritaba o nos lanzaba un terrón de tierra para llamarnos la atención. Claro, nuestro trabajo pasaba a ser calificado de malo porque bromeábamos o cantábamos cuando debíamos concentrarnos en quitar la hierba entre las cosechas.

Siempre había algo que mi abuelo hacía que nos molestaba a todos. En los campos las hileras son largas, por lo que nuestro equipo innecesario quedaba en la camioneta para no cargarlo y así no retrasarnos. Nunca fallaba que, en días en que iba a llover, estuviéramos en el lado más alejado del campo, ya fuera yéndonos de la camioneta o apenas regresando hacia ella. Todos mirábamos al cielo y sus nubes amenazando lluvia. Si llovía, tendríamos que dejar de desyerbar y dar por terminada la jornada porque la hierba se pegaba de nuevo a la tierra y no servía de nada el trabajo que se había hecho.

Eso hacía que los agricultores nos pagaran por nada. Cuando parecía que la lluvia venía, discutíamos entre nosotros para decidir quién le advertiría a mi abuelo. La intención era doble: dejar de trabajar y llegar a la camioneta antes de empaparnos.

Una vez elegido el "valiente", esa persona reunía el valor y caminaba hacia él mientras los demás fingíamos trabajar duro. Al pensarlo hoy, era gracioso y aterrador a la vez, porque sabíamos perfectamente cuál sería su respuesta. Pero aun así nos atrevíamos. Uno de mis hermanos, mi hermana o yo nos acercábamos para decirle que la lluvia estaba por caer.

Papá miraba al cielo, luego a nosotros, y preguntaba: "¿Está lloviendo? ¿Se están mojando?"

Respondíamos: "No, pero ya viene el agua, Papá."

Él decía con desaprobación: "Sigan trabajando hasta que nos caiga el agua."

Y así lo hacíamos. En minutos podíamos oler la lluvia acercándose, ver la pared de agua avanzar hacia nosotros mientras estábamos a cientos de metros de la camioneta. Cuando la lluvia nos alcanzaba, Papá gritaba que corriéramos para no mojarnos. Todavía puedo vernos corriendo bajo la lluvia, riendo por lo ridículo de todo, sabiendo que lo mismo pasaría la próxima vez.

Recoger cosechas era distinto. Lloviera o hiciera sol, había que trabajar. La cosecha tenía que recogerse sin que importara el clima. Usábamos guantes y camisas de manga larga para proteger los brazos de rasguños y cortes al recoger pepinos, naranjas o toronjas, y también para protegernos un poco del sol.

Cuando empezaba a llover, sacábamos bolsas grandes de basura y les cortábamos agujeros abajo y a los lados para pasar la cabeza y los brazos. Eran los mejores impermeables estilo GLAD que un migrante podía tener. No eran pesados y no nos retrasaban, protegían el torso del agua y nos dejaban libertad de movimiento para trabajar. Me gustaría ver eso en un comercial algún día. Apuesto a que GLAD vendería más entre los trabajadores migrantes… o tal vez les caería una demanda enorme en esta sociedad obsesionada con la corrección política.

Extrañaba muchísimo a mi madre durante esos primeros veranos en el norte. Era el periodo más largo sin verla. Al menos cuando estábamos de regreso en Weslaco la veía los fines de semana y festivos, siempre y cuando no estuviéramos trabajando.

Para entonces, ya llamaba Papá a mi abuelo y Mamá a mi abuela. Creo que esto hería un poco a mi madre, pero no podía evitarlo. Me crié con mis tíos, mi tía y una prima nacida en Estados Unidos que también iba a la escuela, pero que igual terminaba trabajando en los campos con nosotros.

Como éramos una familia migrante, nuestros ingresos apenas estaban por encima del nivel de pobreza. Por eso dependíamos de varios programas de asistencia del gobierno: cupones de alimentos, raciones mensuales de leche, arroz y queso.

En la escuela también recibíamos zapatos y ropa cuando los necesitábamos. Lamentablemente, estos programas eran bien conocidos por niños que no los necesitaban, lo que causaba problemas y peleas.

No había un día en la escuela en que no tuviera que defenderme de otros chicos que me llamaban nombres como "el niño de los cupones", "el del calzado de segunda mano" o "el pisca cerezas". Se burlaban de que usara los mismos pantalones dos o tres veces por semana. Poco sabían que no era por elección; tenía que usar la misma ropa varias veces.

Al llegar a casa, tenía que cambiarme inmediatamente a ropa más vieja porque la ropa "buena" debía durar para otro día. Teníamos ropa de escuela y ropa de trabajo. Y aunque esos niños privilegiados tenían mucho qué decir, yo no iba a permitir insultos diarios. Era silencioso hasta que me presionaban; entonces sí había consecuencias.

Ni mis abuelos ni mi madre sabían realmente lo que vivía. En quinto grado, un consejero vio potencial en mí y me hizo tomar un examen de aptitudes. Debí haber obtenido una calificación alta porque al año siguiente me colocaron en cursos avanzados, llamados *Gifted and Talented*, el programa para estudiantes con altas capacidades. Ahí empezaron mis problemas.

Era un pobre trabajador migrante sentado entre niños que nunca habían trabajado un día en su vida. Era el raro, el pobre, el que no pertenecía. Y ellos no ocultaban su desprecio. Mis abuelos eran llamados cada semana por las peleas en las que estaba involucrado. Para mi familia era difícil creerlo: yo era tan flaco que decían que un palo de escoba tenía más curvas que yo.

Así que cuando la escuela informaba que yo peleaba constantemente —y ganaba—, era difícil de imaginar. Llegó a tal punto que mi abuela firmó un consentimiento para que me pegaran con una tabla de madera cada vez que terminara en la oficina por disciplina.

Después de unas cuantas nalgadas, dejé de pelear.

Pero como ya no peleaba, tenía que encontrar otra manera de hacer callar a esos niños blancos y cocos (mexicanos que creen ser blancos). Una noche, haciendo mi tarea, decidí que sería tan bueno como ellos en clase y que les demostraría que sí pertenecía en ese currículo avanzado.

No crean que siempre fui peleador. De hecho, no lo fui hasta que mi madre y mi tía me obligaron a defenderme de otros niños en Reynosa.

Hasta los siete años, yo era prácticamente un niño al que todos podían pisotear. Los demás se burlaban porque era callado y reservado. Volvía a casa sucio, no por jugar, sino por las golpizas.

Mi madre, siendo una madre soltera fuerte, no trataba de consolarme. En lugar de eso, me preguntaba por qué no me defendía. Nunca tenía respuesta. Me daban miedo los otros niños. Parecían más malos y fuertes que yo. Pero solo eran acosadores.

Recuerdo una tarde en particular. Estaba jugando con un niño llamado Mario, ambos de siete años. Pateábamos un balón de fútbol, divirtiéndonos, o eso creí. Luego llegaron dos niños más: Javi, que tenía mi edad, y Sebastián, unos dos años mayor, famoso por causar problemas y golpear a cualquiera que no le agradara. Supongo que ese día me tocó a mí.

Al principio todo parecía bien, hasta que empezaron los insultos. Javi me llamó de todo y yo continué jugando, tratando de ignorarlos. Luego Sebastián empezó y animó a Mario a unirse. No entendía qué había pasado; Mario había jugado conmigo por un rato y de pronto se sumó a las burlas.

Como sucede con el acoso, los insultos escalaron a empujones. Luego Sebastián comenzó a patear el balón directo a mi cara. Logré esquivarlo un par de veces, pero después Javi y Mario me sujetaron siguiendo la señal del hermano mayor para que la pelota me golpeara.

Después de varios golpes, estaba llorando y los niños me soltaron mientras yo caía al suelo. Sentí una patada en las piernas. Mi llanto fue suficiente para que mi madre y mi tía salieran al balcón del segundo piso y vieran cómo me golpeaban. Yo no sabía que estaban ahí observando.

Entre mis sollozos y los insultos, escuché la fuerte voz de mi madre:

"Sergio, es mejor que te levantes y te defiendas porque si no lo haces, te va a ir peor conmigo después de que terminen ellos contigo."

Escuché eso con incredulidad. ¿Cómo podía amenazarme con pegarme después de lo que esos niños me estaban haciendo? Mi propia madre. La miré y vi en sus ojos que hablaba en serio.

Escucharla, ver esa mirada intensa, junto con mi miedo, dolor y enojo, provocó algo dentro de mí. No sé qué fue exactamente. Solo sé que pude levantarme y luchar con un enojo desbordado.

Era como si estuviera cegado por mi rabia. Golpeaba y pateaba a los tres niños. Incluso cuando ya estaban en el suelo, seguía pateándolos y gritándoles, mientras lloraba sin control. Odiaba haber llegado a ese punto, pero quería que pagaran por llevarme hasta ahí. Mi cuerpo temblaba sin control por la intensidad de mis emociones.

No fue hasta que volví a escuchar la voz de mi madre, más suave esta vez, diciéndome que estaba bien, que me había defendido y que había hecho lo necesario. Solo entonces empecé a calmarme. Ella bajó, me abrazó en medio del caos y me tomó de la mano para llevarme de regreso a la casa mientras los otros niños se alejaban llorando, golpeados tanto como yo había estado.

Mi madre y yo dentro de la casa de mis abuelos
en Weslaco, Texas, durante la Navidad.

Yo, recogiendo pepinos cuando tenía diez
años en Blissfield, Michigan.

Campamento donde nos alojábamos cada verano que trabajábamos en Blissfield, Michigan. La segunda puerta por la izquierda era la habitación de mi familia. Nueve de nosotros nos alojábamos allí a la vez. El pequeño edificio más oscuro a la izquierda de la foto era donde teníamos los baños.

Capítulo 3

Aprendiendo inglés

Ser un joven trabajador migrante en el estado de Michigan no era algo fácil. Las leyes de trabajo infantil ya existían, y los campos eran revisados periódicamente por funcionarios de la ciudad para asegurarse de que no hubiera niños trabajando. Sin embargo, de alguna manera, todos los granjeros del área donde laborábamos parecían saber exactamente cuándo habría una visita sorpresa. Nos decían que saliéramos del campo y nos sentáramos en las camionetas o vans de nuestros padres.

Siempre era interesante ver e intentar interactuar con los inspectores. Digo esto porque, aunque nos vieran sentados en la caja de las camionetas, notaban que nuestra ropa y nuestros zapatos estaban tan sucios como los de los adultos. Mi inglés no era bueno durante los primeros años, lo que hacía responder sus preguntas un verdadero reto. Mirando atrás, puedo reírme al recordar a esos funcionarios gritándonos en inglés, como si hablar más fuerte fuera a hacernos entender mejor.

Conforme crecí y pude entender más, recuerdo que siempre nos preguntaban por qué estábamos tan sucios. Respondíamos simplemente que habíamos estado afuera jugando. Por supuesto, los funcionarios quedaban desconcertados, preguntándonos cómo era posible ensuciarnos tanto "solo jugando".

A veces tocaba el hombro de uno de ellos para llamar su atención y señalaba con la mano el paisaje a nuestro alrededor, como diciendo: "Miren dónde estamos. Todo es tierra". No creo que entendieran que no había áreas de césped ni juegos infantiles en los campos. Sus expresiones siempre nos parecían divertidas, y nos pasábamos horas imitándolos después. Momentos divertidos, sin duda.

Otro hecho difícil era que estábamos obligados a asistir a la escuela de verano tres veces por semana para calmar a los inspectores. El problema era que constantemente me metía en peleas con los niños gringos de la clase. Era horrible ser un niño migrante en una escuela predominantemente blanca, especialmente cuando la mayoría tenía una vida más cómoda o privilegiada que la mía.

Todos los lunes comenzaban de la misma manera. El maestro preguntaba cómo había estado nuestro fin de semana y qué habíamos hecho. Cada niño hablaba de pescar, ir al zoológico, al parque o de campamento. Yo pasaba el fin de semana trabajando, recogiendo cosechas. Y eso causaba una molestia particular por una pregunta tan simple.

A veces prefería quedarme callado, pero algunos maestros insistían, levantando la voz como si eso me hiciera entenderlos mejor. Los demás niños ya sabían lo que había hecho; muchos mexicanos trabajábamos en las granjas de sus padres.

Mi silencio terminaba provocando risas entre ellos. No era agradable sentarse ahí, semana tras semana, sin tener una "historia bonita" que compartir. Aguantaba mi enojo hasta el recreo.

Y cuando llegaba el recreo, esos niños eran míos. Nada ni nadie iba a impedir que los golpeara por humillarme. Así que, cada semana, el granjero recibía una llamada de la escuela notificando que yo —y otros niños de nuestro campamento— habíamos peleado durante el recreo.

Nos enviaban a casa, y uno de los padres tenía que dejar de trabajar para ir a recogernos. No solo causábamos problemas; también hacíamos que nuestras familias perdieran dinero. Eso sí que era estar en problemas.

Lo mismo ocurría una y otra vez. Regresábamos al campo, y teníamos que explicar a nuestros padres por qué nos habían expulsado. La respuesta siempre era la misma: "¡Los gringos se estaban riendo de nosotros porque trabajamos en los campos! ¡Se burlan de nuestra ropa y de cómo nos vemos!"

A veces, yo empeoraba la situación por ser imprudentemente valiente: "¡Si no quieren que pelee con los gringos, entonces no me manden a la estúpida escuela!"

Esa explosión nunca terminaba bien. Mi abuelo agarraba un pepino o cualquier otro vegetal y me lo lanzaba. Nunca fallaba. Por alguna razón absurda, yo nunca anticipaba el golpe, aunque hubiera pasado cientos de veces. Siempre terminaba golpeándome en las piernas o la espalda, acompañado de su mirada severa y la orden de callarme y ponerme a trabajar. Esos sí que no eran buenos tiempos.

Mi actitud hacia la escuela pronto cambiaría. Mi abuelo decidió enseñarme la importancia de estudiar obligándome a aprender inglés de manera rápida y severa. Poco después de que expresé mi desinterés, me dijo que todas las tardes después del trabajo tenía que sentarme frente al televisor a ver las noticias con él.

Solo teníamos canales básicos, y en Michigan todos eran en inglés. Mis abuelos no sabían nada de inglés y confiaban completamente en mí y en sus otros hijos para interpretar. Yo, con siete años, sabía muy poco. Pero se esperaba que interpretara todo como si fuera un profesor.

Así que hice lo que cualquier niño en mi situación haría: me inventaba mis propios relatos basados en las imágenes que veía. Con las noticias regulares, eso funcionaba.

El clima era otra historia.

A esa edad no entendía la importancia del clima, pero lo aprendí muy rápido. Para los trabajadores migrantes, el clima determina si ganarás dinero o no. ¿Cómo iba a saber eso a los siete años?

Solo hicieron falta unas cuantas predicciones equivocadas para aprender. Especialmente cuando una interpretación incorrecta significaba un sermón o un cinturonazo con un grueso cinturón de cuero. Y si han visto cinturones de cuero mexicanos, saben que son pesados.

Creo que mi abuelo sabía que inventaba cosas cuando se trataba de noticias regulares. ¿Cómo explicarse que un niño de siete años interpretara las noticias "tan rápido" cuando apenas estaba aprendiendo inglés? Era una prueba para ver si comprendía la importancia de la escuela.

Todavía recuerdo a mi abuelo acomodándose en su silla justo antes del segmento del clima. Estoy seguro de que él entendía las imágenes mejor que yo, pero aun así era mi responsabilidad traducirlas.

El pronóstico comenzaba y yo me quedaba mirando la pantalla, tratando de descifrar flechas, nubes y colores. Era estresante, pero pensaba que tenía 50 por ciento de posibilidades de acertar. Ese pensamiento no me consolaba mucho: sabía que una mala interpretación se revelaría claramente al día siguiente en los campos.

Mis hermanos mayores salían del apartamento porque sabían que ese segmento podía traer problemas. Yo no tenía refuerzos. Así que trataba de hacer mi mejor predicción.

¿Había muchas nubes de lluvia en el mapa? ¿Necesitábamos impermeables o solo nuestras confiables bolsas de basura GLAD? Cada mañana me levantaba nervioso, salía a mirar el cielo e intentaba compararlo con mi predicción. ¿Despejado? ¿Nublado? ¿Me esperaba el cinturón más tarde?

No era forma de empezar el día para un niño. Me quedaba afuera mirando al cielo hasta que mi abuelo salía a observar conmigo. Él hacía sus propias conclusiones y luego me pedía repetir mi interpretación de la noche anterior. El estrés era constante.

Creo que los días en que se comprobaba temprano que me había equivocado eran los mejores. Así dejaba de preocuparme por el resto del día y solo me preparaba mentalmente para el castigo. Era más fácil aceptar el golpe que soportar la incertidumbre todo el día. No hace falta decir que ese ritual diario reforzó muy rápido la importancia de la escuela.

Un día, mis abuelos me llevaron a dar una vuelta por Blissfield. Me inquietaba que nadie más fuera con nosotros. Los observaba nervioso hasta que finalmente pregunté por qué me habían llevado. Mi abuela explicó que necesitábamos una camioneta "nueva" y que buscábamos alguna en venta.

Me emocioné. Era un viaje especial solo para mí. Estiré el cuello para ayudar a buscar. Después de algunas vueltas, mi abuelo vio una van con un letrero de Se Vende. Se detuvo, y bajamos rápidamente para verla. No sabía exactamente qué buscábamos, pero disfruté escuchar a mis abuelos hablar sobre las llantas, la carrocería y preguntarse por el precio —que no estaba escrito—.

Poco después, un hombre mayor salió de la casa para saludarnos. Le estrechó la mano a mi abuelo, saludó a mi abuela y me tocó la cabeza amistosamente. Mi abuelo me preguntó qué había dicho el hombre, y supe de inmediato mi papel: era el intérprete.

Me dijo que le preguntara el precio. Pensé un segundo y le pregunté al hombre: "How much?"

Él sonrió y respondió: "$1,200."

Repetí mentalmente la cifra y se la traduje a mis abuelos: "Dice que cuesta mil doscientos dólares."

Mi abuelo frunció el ceño, molesto, y me dio un manotazo en la nuca. "Eso no puede ser. Pregúntale otra vez."

Me froté la nuca, volví a preguntar, y el hombre repitió: "$1,200." Regresé con mi abuelo: "Papá, dice que cuesta $1,200."

Él me miró frustrado, convencido de que "le estaba contando cuentos otra vez", y me dio otro manotazo. "Pregúntale otra vez."

Al borde de las lágrimas, pregunté por tercera vez. El hombre, ya confundido, se dirigió directamente a mi abuelo: "One thousand two hundred dollars, sir."

Eso calentó aún más las cosas: mi abuelo no entendía por qué le hablaba en voz alta ni qué supuestamente le había dicho yo al hombre.

Empezó a regañarme con creciente enojo cuando el hombre mayor intervino, poniendo una mano en su hombro para calmarlo. Luego me dijo: "Hold on," y entró a su casa. Salió con un papel en la mano donde había escrito claramente: **$1,200.**

Mi abuelo lo miró, sonrió de inmediato y se lo mostró a mi abuela, feliz. Yo seguía sin entender por qué estaba tan contento.

Entonces me miró, riéndose, me frotó la nuca ahora de manera juguetona y dijo:"El señor vende la van en $1,200."

Yo respiré aliviado. *Papá, eso es lo que te he estado diciendo todo este tiempo.*

Con los años, el inglés se volvió más fácil. Podía leer, escribir y traducir, pero aún hablaba con un fuerte acento. Vivir en el sur de Texas no exige hablar inglés correctamente: el 90 por ciento de la población es de ascendencia mexicana y la mayoría prefiere hablar español. Incluso si les hablas en inglés, muchos responden en español.

Esto puede ser frustrante para quienes no hablan español. Mi esposa, por ejemplo, es albanesa; entiende algo, pero no lo habla. Y algunas personas se enojan cuando ella dice que no entiende español.

Yo siempre bromeo: "Este es Estados Unidos, ¿no?" Siempre le digo que les responda en albanés y vea cómo reaccionan, pero nunca me hace caso.

En la escuela, no necesitaba hablar inglés a menos que presentara algo o tuviera preguntas. Muchos maestros también hablaban español, así que el inglés hablado no se practicaba mucho. Y en casa, regresaba al español porque mi familia no hablaba inglés.

No fue hasta que me uní al Ejército de Estados Unidos que comencé a mejorar mi inglés hablado. Mi cadena de mando apenas podía entenderme. Le digo a mi esposa que sonaba como Tony Montana en Scarface: mi acento era terrible, y mis compañeros y sargentos tenían dificultades para comprenderme.

Escuchar a otros con acentos fuertes me recuerda esos tiempos, y ahora puedo imaginar lo agotador que debió ser para ellos tratar de descifrar mis palabras.

Poco después de llegar a mi primera unidad en Fort Hood, mi jefe de escuadra, el sargento Bess, me dijo que tenía que mejorar mi inglés porque nadie podía entenderme. Incluso amenazó con enviarme a clases de ESL (English Second Language / inglés como segundo idioma), y dijo que eso afectaría mi historial militar.

Eso bastó para motivarme.

Esa noche llamé a mi madre y le dije que no la llamaría tan seguido porque necesitaba trabajar en mi inglés. También dejé de juntarme con soldados hispanos y pasé casi un año conviviendo solo con soldados blancos y negros para obligarme a hablar inglés todo el tiempo.

Los esfuerzos valieron la pena, aunque todavía me descubro pronunciando palabras con un acento muy hispano que hace reír a mi esposa… y a mí. Skillet se me sale como skeelet. Bully como *booly*.

¿Qué puedo decir? Todavía estoy aprendiendo.

Yo, trabajando en un campo de remolacha azucarera
cuando tenía quince años en Blissfield, Michigan.

Capítulo 4

No más campos

Había estado trabajando en los campos como trabajador migrante desde los siete años. Nueve años de literalmente partirme la espalda antes siquiera de estar completamente desarrollado como adolescente o adulto joven. La mayoría de los chicos de mi edad soñaba con hacerse adolescente, poder manejar y salir de noche con sus amigos. Yo, en cambio, no podía esperar a cumplir dieciséis para conseguir un trabajo pagado que no fuera en el campo. Recuerdo pensar que trabajaría en lo que fuera con tal de salir de piscar frutas y verduras. Había pasado todos los fines de semana, días festivos y veranos de mi infancia recogiendo cosechas. Tenía que romper con esa forma de vida, y no podía esperar más.

Cumplí dieciséis durante mi segundo año de preparatoria. Ya estaba haciendo lo posible en la escuela para no tener que trabajar los fines de semana. Eso significaba unirme a clubes escolares que me llevaran a competencias durante los fines de semana. Claro, no competía todos los fines de semana, pero cualquier fin de semana lejos de los campos era un gran fin de semana.

Durante ese tiempo me uní al club de computación, al club de matemáticas, a Profesionales de Negocios de América y, finalmente, al club de aplicación de la ley. Incluso daba tutoría a otros estudiantes después de clases solo para mantenerme fuera de los campos lo más posible. No podía participar en deportes porque nos íbamos antes de que terminara el año escolar para migrar al norte. Y como regresábamos tarde al inicio del siguiente ciclo, me quedaban muy pocas opciones escolares.

Mis abuelos siempre nos sacaban de la escuela a principios de mayo y no regresábamos hasta mediados o finales de octubre cada año. Ser migrantes también significaba que ninguno de nosotros tenía seguro médico por si nos lesionábamos. Por estas razones, los deportes estaban descartados.

Empecé a solicitar empleo al día siguiente de haber cumplido dieciséis años. Recuerdo que mi abuelo estaba totalmente en contra y trató de desanimarme diciéndome que jamás me llevaría a un trabajo que no fuera en el campo. No pensaba gastar gasolina en mis "ocurrencias". Eso prácticamente también indicaba que no podría pedir un carro.

Recuerdo que fui caminando a la casa de un vecino para pedirle aventón a una entrevista en un restaurante chino local, Red Peppers. Tuve que planchar a escondidas mis mejores pantalones y camisa de la escuela para que mis abuelos no me hicieran mil preguntas ni intentaran impedirme la entrevista.

Después de preparar la ropa, todavía tenía que esconderla y salir a escondidas de la casa solo para ir a una entrevista. ¿Quién diría que buscar trabajo me haría sentir como un delincuente en mi propia casa? Me escabullí, me vestí en casa del vecino y me fui a la entrevista. Ahora me da risa, pero en realidad apliqué para ayudante de mesero.

En la entrevista estaba hecho un manojo de nervios mientras esperaba al dueño. No era por la entrevista en sí. Temía por mi vida porque no sabía qué iba a pasar en casa si me daban el trabajo y tenía que darles la noticia a mis abuelos. Estaba decidido a conseguir empleo, pero no había planeado cómo decírselos.

¿Cómo se tomarían la noticia? ¿Me apoyarían y me ayudarían con el transporte de ida y vuelta? ¿O me castigarían por ir en contra de su voluntad y me obligarían a renunciar? No podía hacer más que esperar lo peor y, al mismo tiempo, desear lo mejor para la entrevista. No había vuelta atrás. Tenía que seguir y encontrar la manera de que esto funcionara. De una u otra forma, había terminado con las cosechas. O mi familia apoyaba mi decisión o pelearía hasta que cedieran. Lo único que sabía, sentado en la silla esperando, era que no iba a renunciar a mi sueño de tener un trabajo "normal".

La entrevista en sí no duró nada. ¿Cuántas preguntas pueden hacer para un puesto de ayudante? Le di las gracias al dueño, le estreché la mano y me dijo que me llamaría dentro de dos días. Esa noticia solo aumentó el miedo que ya traía. Recuerdo a mi vecino haciéndome mil preguntas de regreso; al menos eso creo. Lo escuchaba hablar, pero no entendía las palabras porque no dejaba de pensar en cómo decirles a mis abuelos. Tenía, por lo menos, dos días antes de saber algo y ya estaba entrando en pánico.

Al llegar a la casa del vecino, bajé y le di las gracias. Cuando empecé a caminar hacia la casa de mis abuelos, me detuvo para recordarme que tenía que cambiarme de ropa. Estaba tan concentrado en enfrentar a mis abuelos que se me había olvidado por completo que había salido a escondidas. Corrí a cambiarme. Al salir, me volvió a detener y me preguntó qué pensaba hacer si me daban el trabajo. No tenía respuesta. Le dije que no lo había pensado tan lejos y me quedé congelado en la puerta. Se rió, me dio una palmada en la espalda y me deseó suerte. Abrir esa puerta se sintió como una eternidad. Saber que me esperaba una discusión en casa me paralizaba.

De camino, pensé en todas las posibles mentiras y formas de empezar a trabajar sin que se enteraran. En mi mente, nada funcionaría. ¿Cómo explicaría llegar después de las diez entre semana? ¿Quién me llevaría y me traería todas las noches? ¿Y los fines de semana y la ropa sucia extra? Tenía que ser honesto con mis planes de tener un empleo que no fuera en el campo. Tenía que enfrentarlos. Tenía que decirles que había terminado con migrar al norte. Que piscar naranjas y toronjas en nuestro pueblo no era para mí. Que quería más de la vida.

Hacerlo sin sonar desagradecido por la vida que me habían dado era la parte difícil. No lo sabía entonces, pero fue una lección que nunca olvidaría. Pensándolo ahora, no sé si les tenía miedo a mis abuelos o temía defraudarlos por no querer la vida que ellos habían tenido y dado a sus hijos. Me criaron y cuidaron como a un hijo, no como a un nieto.

Me consentían cuando podían y con lo que podían. Me inculcaron una ética de trabajo fuerte, que ahora yo estaba dirigiendo por otro camino.

Era un cambio, y el cambio a veces asusta. Tal vez no eran tan cerrados como siempre los vi. Tal vez solo temían el nuevo rumbo que yo tomaba en una edad tan joven. Sí, ellos también habían trabajado toda su vida desde niños. El trabajo duro era parte de sus vidas y de la mía. No se veía como una opción. Se veía como lo único que podría hacer en la vida. Caminé a casa con todos esos pensamientos en la cabeza. Recuerdo que temblaba, de miedo, por lo que estaba por pasar. Me preguntaba a mí mismo si de verdad mi vida era tan mala.

Entré al pequeño patio y de inmediato escuché la televisión. Mis abuelos veían las noticias cuando subí al porche y abrí la puerta mosquitera. Entré con la ropa "buena" del traje de entrevista en el brazo. Me detuve en la entrada mientras me miraban a mí y a la ropa.

Mi abuela empezó a preguntar dónde había estado y por qué traía otro cambio de ropa buena en el brazo. Caminé despacio hacia la cocina —a unos seis metros de la puerta—, tomé una silla y la puse frente a ellos. Vi sus caras de desconcierto, sin saber qué explicación iba a dar. Empecé recordándoles que las únicas tres personas que podían trabajar en el campo éramos mi abuelo, mi prima que vivía con nosotros y yo. Señalé que mi abuela ya estaba demasiado frágil para ese trabajo pesado. Aun con esos hechos, parecía que se mantenían firmes y no les gustaba la idea de que yo dejara la vida del campo. Al fin de cuentas, trabajar en los campos era lo único que la familia había hecho para sobrevivir.

Mi abuelo era de los que no soportaba los "discursos" y prefería ir al grano. Me interrumpió y señaló la ropa extra:

—¿Y eso? ¿Por qué traes esa ropa en la mano? ¿A dónde fuiste?

Respiré hondo, los miré y les dije que había ido a una entrevista en Red Peppers, el restaurante chino frente al estadio de la prepa. Recuerdo haber tenido que repetirlo porque se me quedaron viendo como si hubiera hablado en inglés. Luego se miraron entre sí, y en shock. En el pasado, cuando era niño, había ido contra la corriente, pero este debió haber sido mi paso más audaz hasta la fecha.

Intentando estabilizar la situación, seguí hablando para que no pudieran contestar ni reaccionar. Les expliqué los pormenores del trabajo, si me contrataban. Caminaría desde la escuela al trabajo al terminar clases. Eso ayudaba porque mi abuelo no tendría que gastar gasolina para llevarme. Solo tendría que recogerme al salir. A menos, claro, que quisiera que caminara de noche de regreso. Por lo estrictos que eran, sabía que no lo permitirían.

Mi punto siguiente fue que también recibiría propinas cada noche. Les prometí entregarles todo mi cheque cada quincena y quedarme solo con las propinas para mis gastos. Eso fue mi intento de "pagarles" para que aceptaran el plan. Les dije que mis estudios no sufrirían. Que ayudaría con los gastos de la casa lo más posible y que, si hacía falta, conseguiría otro trabajo en verano para ayudar más. Mis abuelos seguían en silencio, mirándose el uno al otro y mirándome a mí, cuando solté la frase que sabían que venía:

—Mamá, papá, yo no quiero seguir trabajando en las labores y no quiero regresar a Míchigan.

A mi sorpresa, lo tomaron bastante bien. Ni discutieron y aceptaron darle una oportunidad a mi plan. Ambos sabían que no valdría la pena el dinero del campo si solo trabajábamos tres: no compensaría el desgaste. Yá no éramos una familia de siete que podía trabajar largas horas al sol para apenas alcanzar a cubrir los gastos. La fuerza de trabajo se había reducido a la mitad, pero la carga sería la misma, y lo sabían.

Me alegró convencerlos, pero a la vez me entristecía que vieran mis planes como vergüenza de nuestro origen y nuestro trabajo. Hasta hoy no sé si pudieron entender mis razones para querer algo distinto a las cosechas. Nunca me he sentido avergonzado de mi crianza. Si acaso, siempre he estado orgulloso de la ética de trabajo que me inculcaron y la memoria de mi infancia me mantiene humilde cuando veo las pocas cosas que he logrado.

Lo curioso de mi nuevo empleo es que nadie en mi familia había comido comida china, ni yo. Mis abuelos, y también sus hermanos, siempre nos decían que la comida china era cocinada con ratas y perros. Por qué me creí eso, no sé; pero en aquel entonces me sonaba muy real. Me da pena admitirlo, pero por esas creencias tardé casi dos meses en probar la comida del restaurante. Cuando la probé, me enganché. Me encantó todo. No me saciaba. Recuerdo llevar comida a la casa y que todos le tenían miedo. Llamé a mis tíos para que probaran y nadie quiso. Las creencias que nos habían inculcado sobre la comida china eran demasiado fuertes.

Recuerdo que el restaurante tenía bufet hasta las nueve de la noche, pero no cerrábamos el restaurante hasta las diez. Yo me encargaba de pedir solo lo necesario para el bufet cuando se acercaban las nueve y el cierre del bufet. Siempre les pedía a los cocineros que prepararan de más del platillo que yo quisiera llevarme. Como tirábamos lo que sobraba, me aseguraba de que lo que quedara fuera lo que quería llevar a casa. Era uno de los "beneficios" del trabajo.

Pasó el tiempo y a mi abuelo dejó de molestarle recogerme cada día. Me gusta pensar que disfrutaba escuchar mis historias del trabajo: las maneras chistosas en que algunos clientes pedían cosas o se quejaban. Nuestros viajes en carro son memorias que atesoro. Creo que nunca habíamos hablado tanto. Pienso que le emocionaba escuchar a alguien hablar de un tipo de trabajo distinto al campo. Todo era nuevo para él, como para mí. Un día, sin embargo, la plática derivó al tema de tener mi propio carro. De inmediato comenzó una discusión.

Mi abuelo no estaba de acuerdo. Decía que era demasiado joven y que no había dinero para comprarlo. Le expliqué que tenía edad para el permiso de conducir y que ya había ahorrado algo para un carro usado. Esa noche discutimos todo el camino a casa y luego seguimos con mi abuela. ¿Cómo conseguiría seguro siendo menor? ¿A nombre de quién estaría registrado el coche? Hasta ese momento nunca se me había ocurrido que no me ayudarían con el seguro o el registro.

Esos obstáculos nunca cruzaron por mi mente. Sabía que pelearían la compra, pero no imaginé lo demás. No estaba preparado para esas preguntas. Estaba molesto con ellos, pero más conmigo por no preverlo. En unos meses empezaría mi último año de prepa, y sabía que necesitaría un segundo empleo para cubrir las cuentas de la casa y los gastos de mi último año de escuela. Me fui a dormir derrotado. Tardé horas en conciliar el sueño, dándole vueltas a posibles soluciones sin encontrar ninguna.

Al día siguiente me levanté decidido a resolverlo. En el peor de los casos, esperaría a iniciar mi último año para comprar un carro: así cumpliría dieciocho y podría sacar la licencia sin ayuda ni consentimiento. Aún quedaban el seguro y el registro del carro. Me dije que tenía unos meses para pensar eso y, mientras tanto, ahorrar más. Eso también significaba posponer el segundo empleo. No había forma de que mi abuelo fuera mi chofer a dos trabajos.

Comenzó mi último año y todo iba bien, aunque tenía varios retos que sobrepasar. Seguía en el plan avanzado de estudios —lo cual era genial—, me eligieron presidente del club de aplicación de la ley y me ascendieron a mesero en Red Peppers. Esa promoción ayudó mucho porque ahora recibía el doble en propinas y trabajaba más horas. El trabajo se volvió más interesante. Algunos clientes eran muy particulares con sus bebidas y pedidos.

Una vez un cliente pidió pato Pekín, bien picoso. Cuando le llevé el plato, se quejó de que no estaba lo suficientemente picante. El asunto con ese cliente es que no solo se quejó: eligió menospreciar mi habilidad como mesero por no "escuchar" su petición específica. Me lo tragué, me disculpé, devolví el plato y les pedí a los cocineros que lo hicieran lo más picoso posible; si recuerdo bien, les pedí que se aseguraran de que "le ardiera el fundillo". Por supuesto, los cocineros quedaron encantados con mi pedido. Momentos después, al cliente le llevé su plato "arreglado". Pobrecito, no le alcanzaba el agua. Le llevé una jarra llena con hielo porque se le incendiaba la boca. Seguro que más tarde le ardió también otra cosa.

Otros clientes eran regulares, pero "especiales". Digo "especiales" porque era importante ver y entender con quién venían. Había hombres que aparecían a veces con alguien que no era su esposa. Un día llegaban con la esposa y los hijos, y el fin de semana regresaban con una amante más joven y guapa. Lo único bueno era que, si te dabas cuenta y aun así los tratabas con buen servicio sin importar con quién vinieran, dejaban muy buenas propinas.

El invierno era nuestra temporada alta. Siempre estábamos llenos de gente del norte del país porque el sur de Texas es más cálido. Llegaban en grupos grandes y siempre pedían cuentas separadas. Al principio fue estresante, pero con el tiempo se volvió un reto divertido. Eran chistosos: muchos dejaban notitas en la cuenta para leer después. El tono dependía del servicio. Recuerdo que un día una viejita de un grupo de veinte me dejó cincuenta centavos de propina. Lo "mejor" fue lo que escribió: que me la habría duplicado si le hubiera servido más agua. Me lo perdí: podía haber sido todo un dólar si tan solo le hubiera servido más agua, imagínense.

Trabajar ahí fue una chulada. Conocí gente interesante y trabajé con compañeros muy buena onda que me enseñaron no solo la importancia del profesionalismo, sino también la de divertirte en el trabajo. Como cualquier empleo, tiene grandes momentos y otros difíciles. Depende de nosotros sacarle lo mejor, pase lo que pase. Si vas al trabajo con fastidio, se vuelve trabajo pesado, aunque sea fácil.

Poco antes de que empezaran las fiestas navideñas ya había ahorrado unos seiscientos dólares en propinas y estaba listo para buscar un carro usado. No me importaba la apariencia; necesitaba transporte, así que la marca y el modelo me daban igual. Volví a hablar del tema con mi abuelo y, cuando me miró como si le hubiera dicho algo ofensivo, simplemente le puse el dinero en la mano y le pedí que por favor me llevara a buscar un carro o, si prefería, que lo hiciera él. Creo que ahí se dio cuenta de lo serio que iba yo con mi plan. Lo único que me recordó fue que aún no tenía dieciocho ni licencia. Le dije que ya tenía cita para el examen el día después de mi cumpleaños de dieciocho años. Otra vez lo sorprendí.

Para entonces, la salud de mi abuela estaba crítica. Llevaba casi un año peleando contra el cáncer y la pelea no iba a su favor. Le rogué a mi abuelo y a mi abuela que apoyaran mi decisión. No era solo por mí: necesitaba el carro para poder buscar un segundo empleo porque pagar todas las cuentas se estaba volviendo difícil solo con el trabajo de mesero. Les dije que tenía amigos trabajando en otros lugares donde quizá podría entrar. Después de mi "alegato final", mi abuela le pidió a mi abuelo que buscara un carro que pudiera comprar y que lo demás se resolvería. El tema del registro y el seguro se compondría a su tiempo.

Unas dos semanas después, me fui directo a casa porque ese día no trabajaba. Al acercarme por la calle, vi un carro estacionado afuera. Pensé que alguien nos visitaba y seguí caminando a casa sin darle importancia. Entré, besé a mi abuela en la frente en su cama y abracé a mi abuelo sentado a su lado.

Mi abuela estaba ya muy frágil, pero se veía feliz por alguna razón. Fui al otro lado de la casa a dejar mis libros cuando oí que mi abuelo me llamaba. Me detuve; ni siquiera había preguntado si alguien nos visitaba o de quién era el carro que había visto afuera. Volvió a llamarme. Me acerqué a la cama y me quedé de pie frente a ellos.

¿Sí, papá? —lo vi sonreír.

"Tenemos algo para ti."

En ese momento, mi abuela se movió muy despacio bajo su cobija, estiró la mano, tomó la de mi abuelo y, entre los dos, me entregaron un par de llaves.

Me quedé en shock. Había dejado el asunto en sus manos y había dejado de preguntar. La sonrisa hermosa en el rostro frágil de mi abuela y el brillo en los ojos de mi abuelo eran conmovedores y paralizantes. Tenía unas llaves en la mano. Llaves de mi propio carro. El carro de afuera, al que ni siquiera le había prestado atención al entrar porque pensé que era de una visita. Tardé unos segundos en procesarlo. Luego pegué un brinco de emoción. Los abracé y besé a ambos, dándoles las gracias. Con los ojos a punto de llenarse de lágrimas, corrí a ver el carro.

Era un Dodge Charger 1971, de dos tonos, amarillo con negro. Una "abejorro" con amortiguadores de aire que se inflaban por la defensa trasera. En aquel entonces, como ahora, nunca supe mucho de carros ni me interesó aprender. No tengo ninguna habilidad mecánica.

Los asientos estaban completamente rotos y en el piso de la cajuela había un boquete por donde iba la llanta de refacción. Pero igual, yo estaba feliz. Era mi carro. Incluso había unos agujeros en el piso del lado del conductor, junto a los pedales del acelerador y el freno. Me sentía como los Picapiedra manejando esa cosa. Aun así, era mío, el carro por el que había trabajado y ahorrado. Bueno, unos seiscientos dolarotes y, créeme, el valor realmente se notaba. Creo que hasta pagué de más.

Brinqué al asiento del conductor y me aferré al volante como si nunca hubiera visto algo tan magnífico. Estaba en el cielo. Todavía me sorprende recordarlo tan vívido. Eché un vistazo al tablero y al panel de instrumentos. Enseguida supe cuál sería la primera compra para esa bestia: un estéreo con caset y bocinas. Olvídate del asiento roto donde estaba sentado; necesitaba un buen estéreo para mis casetes. Sí, ya sé: soy viejo. El asiento trasero estaba igual de mal y había que limpiarlo. El carro estaba mugroso.

Mi abuelo se subió del lado del pasajero y me preguntó qué me parecía.

"¡Me encanta!" exclamé.

Luego me pidió encenderlo y sacarlo a dar la vuelta. Mi abuela estaba demasiado frágil y no podía acompañarnos. La miré sentada en el porche y le señalé adiós mientras encendía el carro. Aceleré un par de veces solo para oír rugir el motor y vi que mi abuelo estaba tan emocionado como yo. La gran sonrisa en su cara arrugada y sus lentes pesados hicieron el momento aún más dulce. Y justo cuando disfrutábamos, una nube de humo se metió por las ventanas abiertas y empezamos a toser, primero por el humo y luego de risa por todo el cuadro. Estábamos gozando algo que claramente no era tan grande como lo hacíamos ver, y creo que darnos cuenta nos hizo reír más.

Puse el carro en reversa y lo saqué despacito. Llevé a mi abuelo a pasear como media hora y, honestamente, no recuerdo la ruta ni adónde fuimos. Estaba ebrio del momento: manejando mi propio carro con mi abuelo feliz a mi lado. Creo que los dos lo estábamos. Recuerdo que bajamos las ventanas y él me preguntó varias veces cómo se sentía el carro e incluso me dijo que le pisara para ver qué tanto poder tenía. Es un paseo que siempre atesoraré. Todos esos años de piscar cosechas en los campos bajo cien grados ya no importaban. Ahora trabajaba fuera del campo y tenía mi propio carro. Las cosas por las que luchaba se estaban dando, y no podía ser más feliz.

Durante el viaje, pensé en todos esos días en los campos. Las mañanas frías y húmedas de octubre recogiendo tomates en Míchigan y Ohio. Cómo rezaba para que saliera el sol más rápido y dejar de tener frío. Los dolores de espalda y piernas empujando bajo el calor, para ganar menos de la mitad del salario mínimo. Eran días de dolor y miseria. Recordando todo eso durante el manejo, me sentí orgulloso de mis logros. Me había ido contra la corriente, contra la familia, e hice lo impensable para comenzar mi camino hacia una vida mejor. Nunca me había sentido tan libre. Miraba a mi abuelo y lo veía sonreír también. Nunca le pregunté qué pensaba. No quise. Solo quise disfrutar viéndolo feliz y orgulloso; sí, creo que también se veía satisfecho.

Al regresar, mi abuelo bajó conmigo y caminó despacio alrededor del carro hacia mí. Pensé que iba a enseñarme algo, pedirme que abriera el cofre o darme un discurso de seguridad y responsabilidad. No hizo nada de eso. Solo siguió caminando hasta llegar a mí y me abrazó. Un abrazo de oso. Realmente le puso fuerza y me sostuvo ahí unos momentos. Tal vez por fin vio o entendió lo que yo intentaba hacer. Lo que quería para mi vida. Creo que, quizá por primera vez, me vio como un hombre y quiso compartir sus sentimientos. Yo lo abracé igual, como solo lo hacen un padre y un hijo. Fue grandioso.

Esa noche, mi abuelo me dejó disfrutar el momento sin sacar el tema del seguro y el registro. No podía registrar el carro a mi nombre siendo menor y sin seguro. Tampoco podía conseguir seguro por mi cuenta porque también era menor, y mi abuelo no cedía. Me tomó unos días de discusiones para darme cuenta de que no lo convencería.

Cuando al fin cumplí dieciocho, otra vez le pedí al vecino de al lado que me llevara al centro de exámenes y si podía usar su carro para la parte práctica. Él, encantado como siempre, aceptó. En el lugar tuve suerte: después de aprobar la parte escrita, una oficial me preguntó si haría también la prueba de manejo ese día. Le dije que sí y le entregué los papeles del seguro y la matrícula del vehículo.

Debía estar desesperada o algo, porque cuando digo "tuve suerte", es que tuve suerte. Se sentó de copiloto y me pidió encender el carro. Luego me fue indicando las calles y las vueltas. Seguí todas las señales y casi no le presté atención a la oficial. Cuando llegó la hora de estacionarme en paralelo, me miró, sonrió y dijo que no necesitaba hacer esa parte. No sé si esperaba alguna consideración a cambio, pero no obtuvo nada. Regresé directo al centro y me bajé lo más rápido posible. No le quedó más que entregar los resultados en la recepción. La secretaria me sonrió: "Felicidades, aprobaste".

Salí tan emocionado que tomé mi licencia provisional y corrí afuera sin siquiera agradecerle a la oficial. Fui con mi vecino y le enseñé mi licencia nuevecita. Ya podía manejar legalmente... bueno, salvo por el pequeño detalle del seguro.

Mi vecino me dejó en la escuela después del examen. Le pedí que, por favor, les avisara a mis abuelos que había aprobado y le di las gracias por prestarme el carro otra vez. Ya en clase, pensé en los pendientes: seguro y registro. Ya estaba claro que el registro debía estar únicamente a mi nombre y que debía comprar seguro. No sabía cómo lograrlo ni si me alcanzaría con lo que ganaba en el restaurante. No podía dejar de pagar ninguna cuenta de la casa para arreglar lo del carro; si lo hacía, no me lo perdonarían.

Por suerte, estaba en computación y tenía acceso a computadoras. Una mañana, tomé del pick-up de mi abuelo su tarjeta de seguro y me la llevé. En el camión escolar la estudié. En clase, me puse a escribir una réplica exacta de la tarjeta con el nombre de mi abuelo y el mío. Cuando quedó como quería, la imprimí, y el tema del seguro quedó "resuelto".

En cuanto al registro, en aquel entonces te daban dos calcomanías: una con la abreviatura del mes y otra con los dos últimos dígitos del año de vencimiento. Se colocaban en las esquinas superiores de la placa trasera. No hace falta decir que me resultó fácil detenerme en un súper local y "adquirir" mi registro de la placa de otro vehículo.

Lo único pendiente era la calcomanía de verificación del estado. Cuando la tuviera, el carro estaría listo para circular. Tuve la suerte de que un compañero tenía a su papá trabajando en un taller donde hacían inspecciones y tenía acceso a calcomanías. Me cobró diez dólares y ya tenía mi calcomanía.

En casa, mis abuelos no me preguntaron cómo había logrado registrar, asegurar e inspeccionar el carro tan rápido. No pidieron papeles ni pruebas de que podía conducir legalmente. Siendo yo presidente del club de aplicación de la ley en la escuela —y terminando años después en una carrera policiaca—, es gracioso y, a la vez, escalofriante recordar cuando manejaba tan ilegal como todo un delincuente. Hoy te digo que no aprobaría esto de ninguno de mis hijos. Pediré pruebas de legitimidad cuando les toque.

Llevar el carro a la escuela por primera vez fue una sensación increíble. Seguramente muchos estudiantes lo vieron y pensaron que jamás se subirían a él, pero yo no; estaba feliz como un cerdo en lodo. No podía estar más orgulloso de mis logros, dejando a un lado la "legalidad" del registro. Era como si fuera el "gran hombre" de la prepa, aunque en realidad no era muy conocido. Pero sabía que había pagado por mi propio carro con mi propio dinero en mi último año de prepa. No tuve que depender de mis padres ni cargarlos con deudas por un carro. Lo hice yo solo, con mi propio sudor. Tenía mucho de qué estar orgulloso y lo estaba.

Mi papá (abuelo) y yo en casa de mi mamá en Reynosa, México.

Capítulo 5

Último año de preparatoria

Tener el carro me dio la oportunidad de buscar ese segundo trabajo. Un amigo mío logró conseguirme un puesto como surtidor en Pop-A-Top, una licorería local. Fue una gran oportunidad, ya que me permitió pagar las cuentas de luz, teléfono, agua, comprar comida y aún tener suficiente para los gastos de mi último año escolar. Había logrado asegurarme de no volver a trabajar en los campos, y no podía estar más feliz.

Recuerdo que tuve que presentarme a una entrevista para ese trabajo en la licorería local. ¿Una entrevista para acomodar cerveza? Pensé lo mismo en ese momento, pero no me afectó demasiado; necesitaba ese segundo empleo. La entrevista la llevó a cabo un tipo gordito, de unos veinticinco años. Me preguntó si tomaba cerveza; le respondí que no. "¿Tomas algo, aunque sea?" De nuevo, dije que no. El hombre soltó una carcajada y me preguntó qué tipo de mexicano era yo. No supe qué responderle más allá de decirle que no bebía y nunca había tenido la necesidad de hacerlo. Su última pregunta fue: "Si te digo que debes saber cómo sabe cada cerveza aquí para poder responder preguntas sobre ellas, ¿las probarías todas?"

Sabía que era una pregunta difícil y no sabía si mi respuesta determinaría si me daba el trabajo o no. Lo miré con determinación y le dije: "No."

Me miró y dijo: "Eso está bien. Nunca dejes que nadie te obligue a beber o hacer algo que no te haga sentir cómodo."

Después de esa entrevista de apenas dos minutos, me llevó por la tienda y me mostró dónde estaba todo. Luego fuimos a la parte de atrás, donde me enseñó cómo armar paquetes de seis latas de cerveza con los sujetadores plásticos. Me dio oportunidad de intentarlo, y al ver que podía hacerlo, me preguntó si podía empezar ese viernes. Emocionado, respondí que sí de inmediato. Le expliqué que trabajaba como mesero en el restaurante chino y que tendría que empezar en su tienda a las once de la noche, ya que el restaurante cerraba a las diez. El hombre me estrechó la mano, me dio la bienvenida a la familia Pop-A-Top y dijo que todo estaría bien.

Mi último año de preparatoria había empezado de maravilla. Había ahorrado para un carro, conseguido dos trabajos que ayudaban a toda la casa y, lo más importante, había garantizado que no regresaría a los campos. No veía ningún lado negativo en mi horario escuela-trabajo. Pero, después de la primera semana de clases y de trabajar en ambos lugares, me di cuenta de lo cansado que era todo aquello. No dormía lo suficiente, ya que todavía tenía que hacer las tareas después del segundo trabajo. Recuerdo estar despierto hasta las tres de la mañana terminando mis estudios y tener que levantarme temprano para ir a la escuela.

Creo que mis abuelos podían ver lo duro que era mi rutina, pero por alguna razón no decían nada. Tal vez sentían que mi determinación por mantenerme fuera de los campos era tan fuerte que no valía la pena intentar detenerme. Si eso era lo que pensaban, tenían razón. Estaba decidido a hacerlo funcionar sin afectar mis estudios. Durante el primer mes, mi motivación fue suficiente para empujarme. Pero luego llegó el invierno, y con él, los jubilados de Canadá y los estados del norte que viajaban al sur de Texas por el clima cálido. Eso significaba más trabajo en el restaurante y también en la licorería.

Pesaba apenas unas 130 libras. Ese exceso de trabajo junto a mis estudios empezó a tener efecto. Ya no me recuperaba del cansancio ni de la falta de sueño. Para empeorar las cosas, mi abuela estaba perdiendo su batalla contra el cáncer, y los doctores nos dijeron que solo le quedaba un mes de vida. Nos dieron la noticia a principios de noviembre de 1992. Nadie en la familia lo tomó bien. Recuerdo ese último mes con claridad; trabajaba más horas solo para no verla tan débil. No quería recordarla así. Quería recordarla como la mujer fuerte y trabajadora con la que crecí, la misma que me disciplinaba cuando hacía algo mal o "arriesgado". Digo "arriesgado" porque siempre me gustaba ponerme a prueba. Nunca aceptaba las frases: "No puedes hacerlo, eres muy pequeño o muy flaco."

Creo que mi abuela amaba eso de mí, aunque trataba de mantenerme bajo control. Una ocasión que nunca olvido fue mi "hazaña de vuelo" en México. Tenía unos nueve años cuando me llevaron a Reynosa a visitar a mi mamá un fin de semana. Ella vivía en un apartamento en el segundo piso, con balcón. Toda mi vida he sido fanático del superhéroe Superman.

Una mañana soleada, le decía a mi mamá y a mi tía lo increíble que sería volar con la capa ondeando al viento. Ellas no tardaron nada en agarrar una toalla, ponérmela al cuello con una pinza y así nació su pequeño Superman. Subí y bajé las escaleras del balcón como cien veces solo para ver la toalla moverse detrás de mí. Era peligroso, claro, pero yo estaba fascinado.

En una de esas bajadas, vi un colchón viejo esperando al basurero, que tenía un burro con carreta. Se me ocurrió la idea más loca y simplemente la seguí. Arrastré el colchón hasta colocarlo justo debajo del balcón de mi mamá. Subí corriendo, salté la baranda, me aseguré de estar encima del colchón, respiré profundo… y salté.

Caí bien, aunque me decepcionó olvidar mirar si la "capa" se movía detrás de mí. Así que lo intenté otra vez. Esta vez giré la cabeza para mirar la toalla y caí mal, resbalando del colchón al pavimento. Una señora de enfrente me vio y salió corriendo, gritándole a mi mamá: "¡Rosa! ¡Rosa!" Temiendo que me arruinara la diversión, me levanté y subí otra vez. Desde arriba vi que la señora seguía abajo gritando: "¡No brinques! ¡No brinques!" Yo le sonreí y puse el dedo en los labios para señalarle que se callara. Su cara fue impagable. Entonces escuché a mi mamá gritar detrás de mí. Me di vuelta y simplemente me solté del barandal. Ese salto fue el mejor, con el caos de la señora y mi mamá corriendo. El castigo que vino después valió la pena.

Pero estaba en México, visitando a mi madre, así que el castigo se duplicó: primero mi mamá, luego mis abuelos cuando fueron por mí.

Esa tarde acepté el castigo como el pequeño Superman que quería ser. No sentí nada; aún estaba eufórico. Pero cuando mis abuelos llegaron, la historia cambió. Me escondí en el cuarto de mi mamá, sabiendo lo que venía. Mi abuela me llamó: "Ven, párate junto a mí." Si estaba respirando, no lo recuerdo. Caminé los quince pasos que parecían cien metros. Me paré frente a ella, mirando al suelo, porque sabía que su mirada podía quemarme.

Las únicas palabras que escuché fueron: "Juan, dame la faja."

Me quedé quieto, paralizado. Mi abuelo se quitó el cinturón y se lo entregó. Cerré los puños, apreté los ojos y esperé el primer golpe. Cuando cayó sobre la parte trasera de mis piernas, salté del dolor y empecé a llorar con todas mis fuerzas mientras recibía otros tres o cuatro azotes. Cuando terminó, me ordenó dejar de llorar y ponerme derecho. ¿Cómo podía? Me dolía todo. Entonces dijo la famosa frase mexicana que aún se usa cuando se castiga a un niño: "¡Para que aprendas!"

Aprendí, claro que sí. Nunca volví a saltar de un balcón… bueno, al menos no hasta que entré al ejército.

Mi abuela falleció el 5 de diciembre de 1992. El ritmo acelerado de mi último año escolar se detuvo por completo ese día. Me sentía perdido, sin saber cómo seguir adelante con mis estudios y mis trabajos. Finalmente renuncié a Pop-A-Top para tener más tiempo para mis estudios y para estar con mi abuelo.

Todos sus hijos ya se habían casado y se habían ido de casa; solo quedábamos mi abuelo, mi prima Hilda y yo. Los días y noches se volvieron interminables la primera semana tras su fallecimiento. El 12 de diciembre, día de la Virgen de Guadalupe, se celebraba una misa especial en la iglesia católica San Pío X de Weslaco, Texas, la misma donde habíamos despedido a mi abuela.

Al inicio del año escolar me había inscrito en el grupo de danza folklórica, y nuestra primera presentación sería precisamente en esa iglesia. Mi maestra me había eximido de participar, pero esa decisión ya no era mía. Antes de morir, mi abuela siempre me preguntaba cómo iban mis prácticas y me decía que no me preocupara, que ella asistiría a mi primera presentación, la dedicada a la Virgen de Guadalupe. Así que cuando mi maestra me dijo que no tendría que participar, le agradecí… pero le dije que sí bailaría. Mi abuela había esperado ese día por meses, y no la iba a defraudar.

Hablé con mi abuelo y mi mamá y les dije que sentía que debía hacerlo. Ellos y toda la familia aceptaron y prometieron asistir en su honor.

Recuerdo esa noche con claridad. Estaba nervioso por dos razones: era la primera vez que me presentaría en público y sabía cuánto significaba para mi abuela. Nunca había creído en apariciones o cosas sobrenaturales, aunque mi abuela solía contar historias de fantasmas y decía haberlos visto. Yo siempre me reía, y ella conmigo, diciéndome que un día me haría creer.

Esa noche del 12 de diciembre de 1992 ocurrió algo extraño. No pude saludar a mi familia cuando entraron a la iglesia; no los vi hasta que ya estaba bailando. Desde el escenario improvisado, noté que quedaba un asiento vacío junto a mi abuelo.

Bailé las dos primeras piezas, y de repente, entre bambalinas, me invadió una emoción enorme. Mis compañeros lo notaron y me preguntaban si estaba bien, que podía retirarme si quería. No supe explicar esa emoción repentina. Les dije que estaba bien y subí de nuevo al escenario. Mi mirada se clavó en la silla vacía junto a mi abuelo. La música comenzó y el baile siguió. En cada giro, en cada paso, miraba esa silla… hasta que la vi. Mi abuela estaba sentada junto a mi abuelo, mirándome bailar con una sonrisa.

Quizás fueron mis emociones o el significado del momento, pero juro que la vi allí sentada. Bailé el resto del número en trance, conteniendo las lágrimas y tratando de mantener mi sonrisa. Cuando terminó la canción y nos inclinamos ante el público, salí detrás del telón y me derrumbé llorando. Un compañero corrió a ayudarme y le conté lo que acababa de ver. Su cara era una mezcla de asombro y confusión. La maestra decidió que no bailaría más esa noche.

Al final, cuando salimos a saludar al público, abracé a mi familia. Les dije que un compañero me llevaría a casa. Al llegar, mi mamá y mi abuelo me esperaban despiertos. Vieron mi expresión y me preguntaron qué pasaba. Les conté todo. Mi mamá empezó a llorar y dijo que no sabían por qué había quedado esa silla vacía; simplemente había sucedido. Mi abuelo me abrazó fuerte y, con lágrimas en los ojos y una gran sonrisa, me dijo:

"Tu abuela te había dicho que un día te iba a hacer creer en esas cosas que ella te contaba. También te dijo todos estos meses que iba a ver tu primera presentación de baile."

Los tres nos quedamos mirándonos, llorando y aceptando que mi abuela había cumplido su promesa incluso después de su muerte. Nunca había creído en lo sobrenatural hasta esa noche. No sé qué hizo que la viera, solo sé que la vi.

Meses después, mi abuelo y yo éramos los únicos en la casa. Mi prima se había ido; la tristeza era demasiado. Mi madre pensaba que ambos estábamos deprimidos. Había dejado la licorería para dedicarme más a la escuela y tener tiempo para mí.

Un fin de semana, visitando a mi madre en Reynosa, me dijo que había contratado a una curandera para ayudarnos. Al principio me reí, pero al ver su cara, me puse serio. Le pregunté si realmente creía que eso era lo que necesitábamos. Su mirada bastó para saber cuán en serio lo tomaba.

Expresó cuánto le preocupábamos mi abuelo y yo, y cómo la muerte de mi abuela nos había afectado más que a nadie. Intenté explicarle que solo necesitábamos adaptarnos al tiempo libre, ya que antes todo giraba en torno al cuidado de mi abuela. Pero mi madre no cedía. Aceptamos la "limpia" solo para tranquilizarla.

Tan pronto como le dijimos que sí, llamó a la curandera para arreglar una cita el domingo por la mañana. Cuando llegó la señora, las cosas se pusieron más intensas. Era una mujer de unos setenta años, cabello gris largo y casi sin dientes. Llevaba una gran bolsa colgada del hombro y ropa indígena desgastada. Al entrar, escuchó a mi madre explicar todo, sin tocar nada ni sentarse. Le ofrecí agua, y la rechazó de inmediato como si la hubiera ofendido.

Después de escuchar, pidió que moviéramos los muebles del centro. Mi abuelo y yo obedecimos. No había mucho: un sillón pequeño, dos sillas y una mesita. La vieja me observó detenidamente, luego a mi abuelo, decidiendo por quién empezar. Eligió a mi abuelo.

Lo colocó en el centro del cuarto y sacó de su bolsa un frasquito con un líquido transparente. Comenzó a recitar un canto en un idioma que no entendí. Vertió el líquido formando un círculo alrededor de mi abuelo mientras seguía cantando. Mi madre, contra la pared, rezaba su rosario. Luego sacó un manojo de hierbas y empezó a golpear suavemente —o no tan suavemente— el cuerpo de mi abuelo mientras él, con los ojos cerrados, permanecía inmóvil. Le golpeó incluso la cara, y pensé: Esa bruja no me va a golpear a mí así.

De pronto lanzó las hierbas lejos, su canto se hizo más fuerte, levantó las manos y prendió un cerillo. Arrojó el fósforo al círculo de líquido y todo se encendió alrededor de mi abuelo. Luego, con voz alta y grave, exclamó: "Mire este anillo de lumbre. Su limpieza ha sido un éxito. Lo he curado de todas sus inseguridades." Mi abuelo la agradeció desde dentro del fuego.

Después me tocó a mí. Formó otro círculo, me indicó abrir los brazos y empezó a golpearme con otro manojo. Puedo asegurar que no lo hacía con suavidad. Me pegó con fuerza, incluso en la cara, hasta que lanzó las hierbas lejos y prendió el círculo de fuego. Pero algo salió mal: el fuego no completó el círculo. Se apagó a mitad. Ella se quedó mirando, confundida, y luego me observó con dureza.

No pude evitar sonreír.

Retrocedió y dijo en voz alta: "Su hijo tiene algo muy malo dentro de él. Esto nunca ha pasado. Me tengo que ir."

Rápidamente guardó sus cosas y salió sin aceptar pago ni dar explicación. Mi madre quería detenerla, pero le dije que la dejara ir, que probablemente era una farsante buscando cobrar después por otra "limpia más fuerte".

La anciana salió apresurada sin mirar atrás. Quedamos los tres de pie, confundidos. Mi madre y mi abuelo tenían miedo por lo que ella había dicho de mí. Yo no pude evitar reír y decirles que todo era un acto. Tomé el trapeador y limpié el medio círculo de fuego. Les recordé que no creía en eso y que no se preocuparan. No creo que los convencí, pero no tenían opción.

Después de todo aquello, terminé mi último año de preparatoria sin más incidentes. Seguí trabajando en Red Peppers, asistí a los eventos escolares como todos mis compañeros y, de alguna manera, terminé entre el 10 % superior de mi clase. Éramos alrededor de 648 estudiantes.

Un mes o dos antes de graduarme, entré a una oficina de reclutamiento del ejército y me alisté. En mi mente, seguía cumpliendo mi promesa a mi abuela: no me enlisté en los Marines. Si ella lo ve así o no, lo sabré algún día, cuando llegue mi momento de partir y vuelva a encontrarme con ella.

Bailando folclórico frente a un centro comercial en Weslaco, Texas.

Capítulo 6

Fort Knox, Kentucky

Pasé mi entrenamiento básico del Ejército en Fort Knox, Kentucky. Hay que tener en cuenta que, cuando me uní al Ejército, no tenía ni la menor idea de lo que significaba una carrera militar. En casa, nadie sabía nada sobre la vida militar, más allá de lo que se veía en la televisión. Mis abuelos originalmente habían evitado que me enlistara porque aún creían que todo lo que habían visto durante la era de Vietnam seguía ocurriendo en 1992. No tenía tíos ni primos que hubieran servido y pudieran decirme qué esperar. Simplemente entré a ciegas.

La primera vez que volé en un avión fue precisamente para ir a Kentucky desde San Antonio, Texas. Estaba nervioso, por decir lo menos. Para empeorar las cosas, era bastante tímido por mi limitado dominio del inglés.

Leía cada letrero que veía e, increíblemente, logré encontrar mi puerta de embarque en el aeropuerto sin ningún problema. Recuerdo ver a todos caminando con libros, periódicos o, los más jóvenes, con reproductores de casetes portátiles y audífonos.

Al principio me preguntaba por qué hacían eso; al fin y al cabo, solo íbamos a viajar en avión. No fue sino hasta que me senté a esperar mi vuelo que entendí lo útil que sería tener un Walkman para escuchar música y relajarme un poco.

Aunque estaba intrigado y emocionado con todo lo que observaba, seguía siendo un manojo de nervios. Digo "reproductor de casetes" porque, sinceramente, en ese entonces no tenía dinero ni conocimiento alguno sobre la nueva tecnología de discos compactos (CDs). Haber sido criado como lo fui y haber vivido como viví hacía que mi entorno en el aeropuerto de San Antonio me resultara incómodo. No por ser algo nuevo, sino porque me hacía sentir como un extraño, fuera de lugar, y esa sensación solo aumentaba mis nervios.

¿Qué estaba haciendo ahí? ¿Qué demonios iba a hacer en el Ejército? ¿Y en qué diablos estaba pensando? No estaba seguro de nada. No sabía qué esperar, cómo debía comportarme ni con quién debía reunirme al llegar a Kentucky.

Los otros reclutas que habían sido enlistados conmigo no parecían tan nerviosos como yo, o al menos eso pensaba. Todo lo que nos habían dicho en la estación de procesamiento militar (MEPS) era que alguien con uniforme nos esperaría en el aeropuerto con un autobús y que debíamos reportarnos directamente con esa persona. Esa persona nos llevaría al "centro de bienvenida" en la base.

Más tarde descubrí que su definición de "bienvenida" era muy diferente a la mía.

Abordé el avión rumbo a Kentucky. El despegue fue tan emocionante como aterrador. Durante el vuelo, no dejaba de pensar en lo que me esperaba, en cómo sería el entrenamiento y, sobre todo, en hacer lo que fuera necesario para superarlo. Aunque seguramente contaba con las oraciones de mi familia, me sentía completamente solo. Era la primera vez que salía de casa sin poder contar con nadie. ¿Había tomado la decisión correcta? En ese momento no lo sabía, pero ahora sé que sí.

El aterrizaje fue inesperado, pero sin incidentes. Me di cuenta de que volar no era tan malo, incluso me había gustado la experiencia. Cuando el avión se detuvo y todos comenzaron a recoger sus cosas, empecé a preocuparme por no encontrar a la persona indicada que debía recogerme. Busqué con la mirada a otros jóvenes nerviosos, como yo, queriendo confirmar que no era el único. Encontré a un muchacho que parecía igual de perdido, y sin decir mucho, supimos que debíamos unirnos y buscar juntos al soldado encargado.

Después de recoger nuestras maletas, nos dirigimos a la salida y vimos a un soldado con un cartel que decía: "Fort Knox — Entrenamiento Básico (Basic Training)." Nos acercamos, nos presentó el autobús y nos indicó que subiéramos y colocáramos el equipaje en las piernas. Pronto, el autobús se llenó tanto que apenas cabíamos. El calor era insoportable, y nadie decía una palabra. El silencio era ensordecedor.

Después de un rato, el especialista preguntó si todos los asientos estaban ocupados. Al confirmar que sí, ordenó que seis de los muchachos se quedaran de pie en el pasillo central. "Tienen suerte", dijo, "no tendrán que cargar el equipaje en las piernas." No entendí cómo eso podía considerarse suerte.

El trayecto fue silencioso y tenso. Todos íbamos muertos de miedo. Cuando llegamos, ya era de noche. En cuanto el autobús se detuvo, subió un hombre gritando:

"¡Fuera de mi autobús, damas! ¡Muévanse al edificio de enfrente y dejen toda su mierda afuera contra la pared! ¡Ahora, rápido!"

Pensé que la locura había comenzado… pero estaba equivocado.

Todo fue un caos. Nos golpeábamos con las maletas tratando de salir, mientras varios sargentos instructores afuera gritaban a todo pulmón. Algunos chicos dejaban caer sus bolsas, y los sargentos las pateaban o las lanzaban contra la pared. Al entrar al edificio, el calor era insoportable. Apenas había unas pocas ventanas abiertas. Una vez todos adentro, un sargento comenzó a gritar:

"¡Manténganse despiertos, damas! Tenemos mucho papeleo y poco tiempo. Si sienten que el sueño los vence, párense antes de que yo los levante, porque no les va a gustar."

El calor dentro era sofocante, y supongo que para otros fue peor porque varios se turnaban para estar de pie durante las dos horas que tardamos en rellenar todos los formularios. Yo, por mi parte, crecí sin aire acondicionado en casa. Incluso tuve que dormir en el suelo junto a una puerta mosquitera durante muchos años para refrescarme un poco por la noche, así que el calor no me afectó tanto; estaba acostumbrado.

Eso, sumado al miedo a los sargentos instructores, me mantuvo a raya durante ese tiempo.

Esa noche fue larga. Entre el calor y el miedo, nadie se atrevía a dormirse. Después de horas de papeleo, nos llevaron a los barracones temporales marchando en formación con todo el equipaje. Las tres o cuatro cuadras que intentábamos marchar con nuestras maletas fueron una pesadilla. Cada vez que alguien dejaba caer algo, los gritos se intensificaban.

"¿Qué demonios están haciendo con mi formación, damas? ¿Quieren hacerme quedar mal?"

Yo miraba a ambos lados sin entender ante quién se suponía que lo hacíamos quedar mal; no había nadie más en la calle.

La primera semana fue de "procesamiento": uniformes, cortes de cabello, aprender a marchar, a girar, a formar filas y, sobre todo, a correr. Corríamos para todo. Fue ahí donde descubrí que odiaba correr.

Al terminar esa semana, nos subieron a otro autobús para llevarnos a nuestras compañías asignadas. Cuando llegamos a la Compañía Delta, había unos diez sargentos esperándonos. Uno de ellos subió al autobús y empezó a gritar:

"¿Qué demonios hacen todavía aquí adentro? ¡Fuera de mi autobús ahora mismo! ¿Esperan una invitación?"

El caos fue total. Las maletas volaban, todos empujándose para salir. Apenas puse un pie afuera, un sargento delgado y musculoso me detuvo, miró mi placa y gritó:

"¡Recluta Tinko! ¿Qué clase de nombre es ese?"

Lo miré confundido.

"¿Me vas a contestar o solo vas a quedarte ahí viéndome como idiota?"

Con la voz más suave que pude, corregí: "Es Tinoco, Sargento Instructor."

Fue ahí cuando aprendí a no corregir nunca a un sargento instructor.

"¿Acabas de corregirme, recluta? ¿Estás diciendo que no sé leer? ¡Si yo digo que tu nombre es Tinko, serás Tinko por el resto de tu patética vida! ¿Entendido, cabeza hueca?"

El hombre me gritaba tan cerca que sentía su aliento perforarme los oídos. Respondí en voz baja: "Sí, Sargento Instructor."

"¡No te escucho, Tinko!"

Entonces grité lo más fuerte que pude: "¡Sí, Sargento Instructor! ¡Entendido, Sargento Instructor!"

De verdad creí que estaba a punto de darme una paliza por haberle gritado a la cara. Pero era inevitable; la cara del hombre estaba a centímetros de la mía. No estaba acostumbrado a tener conversaciones tan cercanas.

«¡Pues lárgate de aquí, soldado! ¡Muévete, muévete, muévete!»

Salí corriendo hacia un lado, chocando con otros soldados y sus mochilas mientras intentaba escapar de aquella situación.

A partir de ese día, fui el "Recluta Tinko" hasta el final del entrenamiento.

Mientras chocábamos entre nosotros y dejábamos caer nuestras mochilas una y otra vez, los sargentos instructores continuaban gritándonos e insultándonos. Nos hicieron correr hasta el frente de lo que serían nuestros barracones y nos ordenaron formarnos.

Entre gritos, nos ordenaron estar atentos a nuestros nombres y pelotón. Nuestros pelotones eran Alfa, Bravo, Charlie y Delta. Se suponía que debíamos alinearnos en formación en nuestros pelotones asignados. El caos continuó mientras nuestros nombres se repetían rápidamente, dificultando aún más escuchar a qué pelotón pertenecíamos. Después de unos cinco minutos, los cuatro pelotones estaban formados. Entonces, los sargentos instructores, de pie frente a nuestros pelotones, comenzaron a llamarnos de nuevo para pasar lista y asegurarse de que estuviéramos en la formación correcta.

Aquellos que no estaban en la formación asignada fueron tratados con dureza. "¿No entiendes inglés, soldado raso? ¿Qué demonios haces en ese pelotón? ¿Me estás diciendo que mi pelotón no es lo suficientemente bueno para ti?"

No ayudaba que los cuatro sargentos instructores gritaran nuestros nombres a la vez, y que los demás también nos gritaran un montón de tonterías. Era una locura total. Una vez más, nos obligaban a prestar mucha atención a nuestros nombres y a en qué pelotón debíamos estar, mientras intentábamos ignorar todo lo que nos gritaban. Después de que todos nos formamos en nuestros respectivos pelotones, la locura empeoró aún más.

Los sargentos instructores les dijeron a todos sus pelotones qué piso les correspondía. Yo estaba en el Pelotón Delta, y nuestro piso asignado era el tercero del cuartel. Una vez que recibimos la información, nos dijeron que subiéramos corriendo con todas nuestras cosas y buscáramos una litera. Teníamos que poner nuestras mochilas encima de una litera y luego bajar corriendo para volvernos a formar.

Los cuatro pelotones salieron a la vez. La locura de intentar pasar por la entrada y luego subir tres pisos por las escaleras fue algo que nunca había visto ni experimentado antes. Quiero decir que no pensábamos en absoluto; nuestros cuerpos simplemente se movían y nuestras mentes intentaban superar el miedo que nos abrumaba. Todos podíamos oír a los sargentos instructores gritándonos un montón de tonterías mientras luchábamos por llegar hasta arriba, encontrar una litera vacía, dejar nuestras mochilas y luego tener que bajar las escaleras a duras penas. Una cosa ya estaba clara: hiciéramos lo que hiciéramos, no éramos lo suficientemente rápidos.

Durante todo el entrenamiento básico, tuve tres sargentos instructores. El sargento de primera clase E-7, Shep, era un hombre negro, probablemente el más severo de todos, ya que era nuestro sargento instructor de mayor rango. El sargento E-6 Ríos era un hombre hispano que parecía ser el instructor más callado, pero a la vez el más loco. Por último, teníamos a un hombre blanco que no encajaba del todo con la imagen de un sargento instructor debido a su complexión, que lo hacía parecer gordo; también era sargento E-6 y se llamaba Ruff. Cada uno tenía su propio estilo para hacernos sufrir.

Ríos gritaba: "¿Qué pasa, recluta? ¿Me estás mirando porque crees que puedes vencerme o porque te gusto?" Este tipo era divertidísimo. Cuanto más fuerte nos gritaba, más alto saltaba. Era como si saltar más alto hiciera que su argumento pareciera mucho más serio.

El sargento instructor Ruff siempre nos retaba a todos en cada ejercicio. Ninguno de nosotros podía seguirle el ritmo, y mucho menos ganarle. Era el más gracioso de los tres. Recuerdo algunas mañanas en las que aparecía en nuestras sesiones de entrenamiento físico con unos pastelitos "Little Debbie" en la mano. Ruff comía pastelillos antes de hacernos correr y decía: "Como ya creen que estoy gordo, ¡vamos a ver quién sobrevive después de mis pastelillos!"

"Esta azúcar me da un empujón extra. ¡Más les vale rezar para que no me llegue ese segundo aire al final, soldados! ¡Porque si me llega, nos quedaremos aquí hasta que caiga!"

Sus comentarios eran graciosos, pero ninguno de nosotros se reiría, al menos no delante de él ni en formación. La verdad es que creo que todos queríamos comernos unos pastelitos.

Y Shep… Shep era puro negocio. No creo haberlo visto reír ni sonreír jamás, y ¡pobres de nosotros si no lográbamos algo a sus estándares! Nos obligaba a hacer ejercicio físico día y noche. Incluso, a veces llamaba a los sargentos instructores de los otros pelotones para que se turnaran con nosotros mientras él pensaba en su próximo movimiento o se tomaba un respiro de su tortura.

El resto del entrenamiento básico fue prácticamente igual. Las dos primeras semanas fueron las peores. Corríamos todos los días y el entrenamiento físico era brutal. Flexiones y abdominales por todo lo que hacíamos mal o demasiado lento, por no seguir el ritmo en nuestras corridas e incluso por no gritar lo suficientemente fuerte.

Una mañana de domingo, nos llevaron a la capilla. El capellán apenas comenzaba a hablar cuando entró el Primer Sargento.

"¿No sienten el espíritu esta mañana?" gritó. Todos respondimos, "¡Sí, sargento primero!"

"Señores, no los oí. Les pregunté: ¿No es una mañana gloriosa para escuchar la Palabra de Dios en Fort Knox?"

"¡Sí, sargento primero!"

"¿Me están diciendo que no sienten el buen espíritu esta mañana? Les pregunto porque sigo sin oírlos, y si yo no los oigo, ¡entonces el Señor seguro que tampoco los oye!"

El sargento primero caminaba de un lado a otro en el centro de la capilla, mirándonos a todos con absoluto disgusto y decepción. Luego se dirigió a los sargentos instructores que nos habían conducido hasta la capilla y les dijo que parecíamos somnolientos y que tal vez necesitaríamos que nos despertaran bien antes de escuchar la Palabra de Dios.

En un instante, los sargentos instructores gritaron: "¡Formación afuera, ahora!"

Salimos corriendo de la capilla y nos formamos en el césped. Nos dieron la orden de girar a la derecha y luego: "¡Posición de apoyo, inclínense hacia adelante, muévanse!"

Estábamos a punto de ser despertados a la fuerza. Mientras nos poníamos en posición para hacer lagartijas, todos vimos al sargento primero de pie detrás de nuestros instructores, mirándonos.

"Hombres, vamos a empujar este suelo hasta llegar al otro lado del mundo o hasta que yo esté convencido de que están listos para recibir la Palabra del Señor! ¡Ahora, empujen!"

Esa mañana hicimos lagartijas hasta que el último de nosotros cayó rendido por el cansancio. Luego nos pusieron boca arriba y empezamos a hacer patadas de aleteo, abdominales, abdominales inversos y giros abdominales hasta que no pudimos más. Pero no fue suficiente. Según el sargento primero, todavía no estábamos listos para recibir la Palabra del Señor, ni habíamos logrado empujar el suelo al otro lado del mundo.

Creo que fue la peor sesión de entrenamiento físico de toda la instrucción básica. Cuando terminaron con nosotros, nuestros uniformes estaban hechos un desastre, nosotros estábamos hechos un desastre, nuestras caras y manos estaban llenas de tierra y sudor, y apenas podíamos respirar o movernos. Nos tuvieron allí afuera durante unos cuarenta minutos completamente agotados de entrenamiento físico sin parar, y luego el sargento primero dijo que creía que estábamos listos para recibir la Palabra del Señor.

Una vez dentro de la capilla, oré y oré y oré sin parar. Creo que ni siquiera escuché una sola palabra del capellán esa mañana. ¿Cómo iba a hacerlo? Estaba demasiado agotado para prestar atención. Estaba completamente perdido en mis propios pensamientos, oraciones y el dolor insoportable que sentía. Me dolía todo el cuerpo.

Eso sí, desde ese día en adelante, respondíamos tan fuerte que se oía en toda la ciudad de Louisville, Kentucky. Responder en voz alta y fuerte ya no era un problema para mi pelotón, e ir a la capilla ya nunca fue lo mismo.

Las dos primeras semanas de entrenamiento fueron horribles. Supongo que ser un chico flacucho de un metro ochenta que se ganaba la vida recogiendo cosechas, agachado casi todo el tiempo, me hizo desarrollar una mala postura. No podía mantenerme derecho ni, aunque mi vida dependiera de ello. Esto no era bueno a la hora de formarnos ni al dirigirme a los sargentos instructores.

Después de que me gritaran varias veces que me enderezara de una vez y yo no pudiera hacerlo, los sargentos instructores empezaron a dar instrucción con una vara metálica delgada que parecía una antena de coche. Durante las formaciones, si no estaba parado derecho y firme, uno de los sargentos instructores simplemente me golpeaba en la parte superior de la espalda para obligarme a enderezarme. ¡Esa cosa dolía muchísimo! Recuerdo la primera vez que me pegaron; el golpe y dolor me agarraron por sorpresa y me ardió como nunca.

"Endereza la puta espalda, Tinko! ¡Estás en posición de firmes, soldado!"

Y entonces llegó el golpe. Arqueé el cuerpo intentando enderezarme, pero no lo conseguí porque sentí de nuevo el impacto de la vara metálica en mi espalda. Debí de recibir unos diez golpes ese día.

Con el paso de los días, el número de golpes disminuyó, pero el dolor en mi espalda seguía aumentando a medida que se resentía. Al final de la segunda semana, ya no tenía este problema. Adoptaba automáticamente la posición de firmes, sin problema. Sus tácticas de mierda funcionaron.

Correr por todas partes y las marchas eran habituales durante el entrenamiento básico. Una ruta que todos odiábamos y temíamos era conocida por nuestros sargentos instructores como las Colinas de la Trinidad. Era una ruta de unos veinte kilómetros que constaba de tres colinas, llamadas, con razón, Miseria, Agonía y Desilusión. Esas colinas fueron la causa de que muchos reclutas volvieran a casa porque simplemente no podían completar la marcha o la corrida; algunos incluso abandonaban el entrenamiento por ello.

Recuerdo la primera vez que hicimos la marcha en esa ruta. Subir Miseria fue terrible; muchos de nosotros estábamos doloridos y teníamos que inclinarnos hacia adelante todo lo posible para que el peso de la mochila no nos arrastrara hacia abajo. Los sargentos instructores nos gritaban e insultaban durante toda la subida, diciéndonos que aquello no era nada y que teníamos que prepararnos para obstáculos mucho peores que esa colina.

En aquel momento no lo sabíamos, pero al llegar a la cima de esa colina comprendimos a qué se referían nuestros instructores. En la cima de Miseria, pudimos ver el pronunciado descenso que nos esperaba, y aunque bajar pudiera parecer un alivio, la visión de Agonía más adelante casi nos hizo llorar. La segunda colina, Agonía, comenzaría poco después de haber terminado Miseria, y su empinada pendiente ascendente parecía peor que la que acabábamos de completar.

Los gritos y maldiciones de nuestros instructores adquirieron un significado diferente al subir Agonía. Mientras agonizábamos paso a paso hacia arriba, los instructores nos sermoneaban sobre cómo superar el dolor y abrir nuestro corazón, pues era nuestro corazón el que nos ayudaría a superar casi cualquier cosa. En realidad, no se trataba de sermones.

"¡No creo que tengan corazón, soldados! ¡Creo que todos ustedes, pedazos de mierda, dejaron su corazón en Miseria! ¡Aún no han sentido dolor! ¡No el tipo de dolor que los deja solo con los pensamientos de sus patéticas vidas! ¡Ábranse paso hasta la cima, soldados, y demuéstrennos que tienen corazón!"

Una vez más, no entendimos el mensaje que nos gritaban. Lo único que sabíamos era que esos imbéciles nos estaban haciendo pasar por un obstáculo agonizante, y el dolor que sentíamos no nos permitía ni siquiera escuchar sus divagaciones y gritos. Eso fue hasta que llegamos a la cima de Agonía.

Recuerdo mirar hacia la cima de la colina y desear poder llegar hasta el final. Me animaba a dar unos pasos más y alcanzar la cima. Puedo hacerlo. Puedo hacerlo. Sé que puedo hacerlo. Entonces, en uno de esos pasos, miré hacia la cima de Agonía y noté algo extraño.

Me di cuenta de que los soldados rasos no mostraban alivio ni sensación de logro al llegar a la cima. Me pregunté por qué. A pesar del dolor que sentía en las piernas y los pies, y del agotamiento que poco a poco minaba mi determinación, empecé a sentir miedo.

¿Por qué mis compañeros de pelotón no mostraban ningún signo de alivio en la cima? ¿Qué estaba pasando? ¿Qué estaban viendo?

Mi confusión me permitió seguir adelante, haciéndome olvidar todo el dolor que me recorría el cuerpo. Mi mente se centró en la cima y en descubrir lo que los demás veían.

¡Unos pasos más, soldados! ¡Ya casi llegan! ¡Aguanten, denlo todo!

Me acercaba. Quince pasos más. Podía oír a mis compañeros del pelotón jadear y quejarse delante de mí. Eran sonidos de derrota, no de alivio ni de triunfo.

Diez pasos más. ¿Qué demonios estaba pasando? ¿Qué hacía que los miembros de mi pelotón bajaran la cabeza derrotada al conquistar esta colina?

Cinco pasos más. Al llegar a la cima, sentí cómo mi nerviosismo y emoción se desvanecían entre los dolores que me recorrían el cuerpo. Gritaba internamente: "Lo logré, llegué a la cima!" Pero, de repente, todos los dolores volvieron y me golpearon con la fuerza de un choque frontal. Sentí conmoción, dolor, derrota, miedo, agotamiento y, sobre todo, una profunda tristeza y desilusión.

A lo lejos se veía otra colina que debíamos superar, la tristemente célebre colina de la Desilusión. Lo único que pude hacer fue dejar caer los hombros y exclamar internamente que esto no podía ser. Otra colina, y encima parecía peor que la que acababa de subir. Sentí el peso del casco de Kevlar aplastarme mientras bajaba la cabeza, derrotado.

Ahora entendía al resto de mi pelotón. Ahora entendía los sermones y divagaciones de mis sargentos instructores. Aquí era donde nuestros jóvenes corazones se ponían a prueba. Una colina que hace honor a su nombre… Desilusión.

Dos días después, nos hicieron correr las tres colinas, y nuestro pelotón se redujo aún más. Debimos haber hecho el Sendero de la Trinidad al menos una vez cada dos semanas, y con el tiempo todos mejoramos, pero seguíamos sufriendo una gran decepción cada vez. Nuestras mochilas se cargaban cada vez más pesadas en cada marcha, y la paliza física antes de las corridas también empeoró.

Creo que nuestros sargentos instructores querían asegurarse de que las colinas siempre fueran un desafío y siempre infundieran temor. En ese sentido, lo consiguieron.

Graduarme del entrenamiento básico fue agridulce. Estaba feliz y aliviado de haber superado todas las pruebas y de graduarme de este entrenamiento tan duro. Sin embargo, toda esa felicidad que sentía era también la causa de mi tristeza.

Toda mi familia seguía viviendo en la pobreza, y nadie podía hacer el viaje para ver mi graduación. Lo único que pude hacer el domingo antes de la graduación fue llamar a mi madre y a mi abuelo para avisarles de que había superado esta primera fase del entrenamiento. Se alegraron por mí y me felicitaron mientras yo me encontraba haciendo la llamada de una cabina telefónica. Quería ver sus caras, quería compartir esa experiencia con ellos, y aunque estaba orgulloso de mi logro, también me sentía muy solo.

Esa sensación de soledad cambió el día del ensayo general. Todos debíamos llevar el uniforme de gala para que los instructores nos inspeccionaran y el sargento primero nos diera su aprobación. Debería decir nuestro oficial al mando, pero no recuerdo haberlo visto mucho durante el entrenamiento.

Recuerdo que antes de la formación, todos revisábamos los uniformes de los demás y nos ayudábamos con pequeños detalles de las insignias, los zapatos, las corbatas y los abrigos. De repente, el sargento instructor Ríos entró en el área de barracones y empezó a hablarnos como si fuera una persona normal. Esto nos sorprendió un poco y nos incomodó.

Nos contaba que habíamos llegado al final del entrenamiento y lo orgulloso que estaba de nosotros.

"Hombres, déjenme decirles que ya no son unos inútiles! Se han convertido en hombres, se han convertido en soldados. Y lo que es más importante, ¡se han convertido en miembros de mi hermandad!"

No podía creer lo que oía. ¿Nos acababa de llamar hermanos?

Entonces sucedió algo inesperado. El sargento instructor Ríos se giró hacia mí y caminó hacia mí. Su porte con el uniforme de gala era impresionante; este hombre había participado en la Operación Desert Storm y, al parecer, había cosechado grandes logros a lo largo de su carrera. Lo digo porque su pecho estaba profusamente decorado con cintas y medallas de campaña, fruto de sus años de servicio.

Hasta ese momento, jamás había estado en presencia de un soldado tan condecorado de medallas. Me quedé literalmente atónito ante lo que veía, y aún más ante lo que sentía. Ver a mi propio sargento instructor con el uniforme de gala, con todos sus logros a la vista, me llenó de orgullo. Un orgullo como nunca antes había sentido. Estaba en shock. Este hombre había sido mi líder durante dos meses, y ahora lo único que deseaba era emularlo de alguna manera.

Ese orgullo se intensificó cuando el sargento instructor Ruff entró con su uniforme de gala. Él también se quedó allí, mirándonos a todos y, me atrevería a decir, admirándonos. Era como si estuviera orgulloso del fruto de su trabajo. Pasarían años antes de que yo pudiera mirar a un grupo de personas y sentir esa misma satisfacción.

Unos minutos después, se unió a nosotros el sargento instructor Shep, nuestro instructor principal. Sin duda, era nuestro sargento instructor principal por una razón: las medallas de su uniforme casi le cubrían todo el lado izquierdo del pecho. Los tres sargentos instructores llevaban parches de combate en la manga derecha. Los tres estaban muy condecorados, mientras que nosotros, sus soldados rasos, no teníamos nada. Sin embargo, todos tenían la misma expresión. Estaban orgullosos de los soldados que habían formado con nosotros.

Jamás he podido olvidar ese momento, porque fue allí mismo cuando supe que quería ser un líder. No solo un gerente, sino un líder como aquellos hombres que me habían destrozado y luego me habían ayudado a convertirme en soldado. Un líder que no necesitaba alardear de sus logros, un líder que podía demostrar con hechos que merecía ese título, ese rol, ese respeto.

Después de nuestra ceremonia de graduación, el sargento instructor Shep se acercó a mí y me preguntó: "Cómo te sientes, soldado Tinoco?"

¿Soldado Tinoco? ¿Había pronunciado bien mi nombre? ¿Había ascendido de soldado Tinko?

"Me siento genial, sargento instructor!"

Dos días después, estaba de camino a Fort Lee, Virginia, para mi Entrenamiento Individual Avanzado (AIT). El Ejército se encargó de todos los preparativos del viaje a Fort Lee, y como el lugar estaba a solo diez horas en coche, nos subieron a un autobús y nos llevaron a nuestro nuevo centro de entrenamiento.

Fort Lee no era tan duro como Fort Knox; la exigencia física que experimentamos durante el AIT tampoco era tan intensa. Allí era donde tenía que ir para aprender mi trabajo real en el Ejército.

Mi especialidad militar era 92A, especialista en logística. Un título demasiado rimbombante para alguien que trabajaba en un taller de repuestos para vehículos militares. Ese era mi trabajo especializado.

Despachaba vehículos cuando se necesitaban, pedía repuestos y gestionaba las devoluciones de piezas que podían repararse, reciclarse o reacondicionarse. Dicho así, no tiene nada de táctico.

Lo que pasaba con mi trabajo era que era una carrera de apoyo. Esto significaba que me podían asignar a cualquier tipo de unidad militar, ya que todas tenían equipo militar, desde tanques Abrams y camiones de cinco toneladas hasta Humvees e incluso helicópteros. Así que podía estar en una unidad médica, una de infantería, o incluso una que incluyera a las Fuerzas Especiales del Ejército.

Como soldados, hacíamos lo que hiciera nuestra unidad asignada. Íbamos adonde fuera nuestra unidad. Los soldados que se dedican a la logística están prácticamente integrados en sus unidades y participan en la mayoría de sus tareas, tanto en tiempos de paz como de guerra.

Probablemente la mayor lección que aprendí en Fort Lee con respecto a mi trabajo fue que, si atendía bien a los distintos cuerpos militares a los que apoyaba, casi siempre me atenderían a mí. Digo casi siempre porque todo dependía de lo que pidiera.

En la mayoría de los casos, cuando oía las palabras "Tinoco, lo que necesites o quieras, solo dilo," casi siempre les pedía a los sargentos de pelotón que me permitieran participar en su entrenamiento especializado o llevar a los soldados de mi equipo en patrullas.

Hubo algunas ocasiones en mi carrera militar en las que esto no fue posible. Sin embargo, también hubo ocasiones en las que pagué las consecuencias más adelante por haber obtenido lo que pedí. En esas ocasiones, me vi involucrado en peleas en las que no debería haber participado y vi cosas que alguien con mi especialidad militar no debería haber visto.

En resumen, la gratitud de otros me puso en situaciones que normalmente no experimenta un especialista o supervisor de logística 92A.

Capítulo 7

HHC 2/5 Cav – Black Knights

Mi primera asignación en el Ejército fue en la Compañía de Mando y Cuartel General, Segundo Batallón, Quinto Regimiento de Caballería (HHC 2/5 CAV), parte de la Primera División de Caballería, en Fort Hood, Texas. Llegué al mismo tiempo que mi primer líder de escuadra, el Sargento Bess. Nos conocimos mientras llenábamos los formularios de ingreso a la unidad y esperábamos para reunirnos con el Sargento Mayor.

La unidad era de infantería mecanizada y estaba designada como una unidad de despliegue rápido, en constante entrenamiento para cualquier eventualidad, pues no se sabía con certeza cuál sería la siguiente misión. Era reconocida por sus vehículos de combate Bradley, por su infantería de exploradores y también por tener algunos de los líderes más duros y exigentes que conocí durante mi carrera militar.

El Sargento Bess era un hombre negro alto, delgado, de piernas arqueadas, que amaba correr y hacer bien su trabajo. Sabía más de logística militar de lo que yo podría haber aprendido en años. Su único defecto, al menos para mí, era precisamente eso: que le encantaba correr. Yo odiaba correr. Lo odiaba entonces y lo odio hasta el día de hoy. Irónicamente, terminé pasando gran parte de mi vida corriendo en el Ejército… y luego persiguiendo personas en mi carrera posterior al servicio.

Durante nuestra reunión con el Sargento Mayor, nos habló sobre los estándares, las exigencias y la cadena de mando. Luego mencionó un libro titulado *We Were Soldiers Once… and Young: Ia Drang – The Battle That Changed the War in Vietnam*, escrito por el teniente general retirado Harold G. Moore y el periodista Joseph L. Galloway. Ese libro, que luego inspiró una película protagonizada por Mel Gibson, fue el primero que leí en mi vida sobre temas militares. El Sargento Mayor nos dijo que lo leyéramos y que adoptáramos la valentía y la fortaleza que ese libro retrataba.

El entrenamiento en el trabajo era sencillo si uno ignoraba los gritos, las maldiciones y las bromas pesadas que eran parte natural de cualquier unidad militar. Las bromas, de hecho, eran lo mejor, y debo admitir que con el tiempo yo también participé en ellas con los nuevos reclutas.

La mejor de todas involucraba a varias secciones de la unidad y solía durar todo el día. Se hacía para deshacerse de un nuevo soldado cuando era más un estorbo que una ayuda. Oye, a veces simplemente no teníamos tiempo para explicarles todo a los soldados. Y sí, también me la hicieron a mí cuando llegué.

Trabajando en logística, mi taller estaba ubicado en el parque de vehículos —el *motor pool*— donde se almacenaban todos los vehículos. Allí trabajaban los mecánicos, los encargados de combustible y los técnicos de comunicaciones. Esa área quedaba a unas dos millas de las oficinas principales de la compañía.

La broma comenzaba después del desayuno. El Sargento Bess avisaba a todos para que estuvieran al tanto. Al llegar al taller, me ordenó ir a la oficina de suministros a recoger "cuadrículas" (grid squares). Para quien no lo sepa, los mapas militares tienen cuadrículas que se usan para trazar coordenadas y ubicaciones.

Una vez que salí del taller, el Sargento Bess llamó a la oficina de suministros e informó al sargento de la broma. Recuerden, yo todavía era soldado raso y se esperaba que corriera a todas partes, especialmente siendo parte de una unidad de infantería mecanizada. Así que corrí a la oficina de suministros y me presenté, como me habían ordenado. El Sargento de Suministros me miró y me preguntó qué necesitaba. Me quedé allí parado como el soldado raso idiota que era y le expliqué que estaba allí para recoger una caja de cuadrículas.

"¿Qué necesitas, soldado?", preguntó el Sargento de Suministros.

"Vengo por una caja de cuadrículas, Sargento", respondí con toda seriedad.

El hombre me entregó un mapa viejo, unas tijeras y una caja de cartón.

"Ahí tienes tus cuadrículas. Córtalas del mapa, ponlas en la caja y asegúrate de hacerlo perfecto. Esa es la última hoja de cuadrículas que tenemos. ¡Y hazlo aquí, no te lleves mis tijeras!"

Sin cuestionar nada, comencé a cortar cada cuadrado del mapa. Al terminar, el sargento me dio otra caja y me dijo:

"Llévale estas baterías para luces químicas (*chemlight batteries*) al Sargento Mandy en el motor pool y pregúntale por la llave inglesa para zurdos."

Yo no tenía idea de que las luces químicas no usaban baterías ni de que no existía una llave inglesa para zurdos. Obediente, corrí de regreso con ambas cajas.

Cuando entregué la caja al Sargento Bess, la abrió y empezó a gritar:"¿Qué carajos es esto, Tinoco? ¿Sabes lo que acabas de hacer?"

Tiró la caja y siguió gritándome mientras todos los demás intentaban no reírse. Yo estaba aterrado.

"¡¿Cómo demonios vamos a ganar una guerra con cosas como estas?! ¿De dónde eres, soldado?"

"Del Valle del Río Grande, Sargento."

"¡Río qué! ¡Deberían llamarlo Río Grande de los Tontos!"

"¿Quién demonios se supone que te está entrenando, soldado?"

Inseguro y muerto de miedo, respondí: "Yo... yo no estoy seguro, Sargento. No me lo ha dicho."

"¡¿Qué?! ¡¿Ahora me dices que no estoy haciendo mi trabajo!? ¿Están escuchando esta tontería?", gritó, mirando al resto del equipo dentro de la oficina.

Empezaba a entrar en pánico. "¡No, Sargento!"

"¿Entonces qué demonios estás diciendo, soldado? ¿No sabes inglés?"

"¡Sí, Sargento!"

"¿Sí qué, soldado? ¿Sí, no estoy haciendo mi trabajo o sí hablas inglés de mierda? ¡Porque desde luego no me suena a inglés!"

"¿Te ordenó algo más el Sargento de Suministros?"

"¡Sí, Sargento!"

"¡Pues lárgate de aquí y hazlo!"

Creo que no sabía hacia dónde correr. No podía salir de allí lo suficientemente rápido. En mi pánico, vi a alguien entrar en nuestra oficina y corrí directo hacia la puerta. Por suerte, en mi estado de nervios no olvidé las baterías de las luces químicas. Por más que lo intentaba, no entendía qué había hecho mal. Seguí las instrucciones al pie de la letra.

Llegué a la oficina del Sargento Mandy y le entregué la caja de baterías. Se quedó allí sentado, un viejo cascarrabias que parecía Hitler dopado con su ridículo bigotito. Miró dentro de la caja, sonrió, me miró y preguntó:

"¿Qué es esto?"

"El Sargento de Suministros dijo que necesitaba baterías para luces químicas, Sargento."

Y él, con una sonrisa maliciosa, me preguntó: "¿Y también te pidió que me preguntaras por la llave inglesa para zurdos?"

"Sí, Sargento."

"No hace falta que respondas fuerte, soldado… Tikono, Teeneeko… ¿cómo se pronuncia, soldado?"

¡Ah no! No iba a caer en esa trampa otra vez corrigiendo a un sargento sobre la pronunciación de mi nombre. Ya aprendí la lección.

"¡Lo pronunciaste perfecto, Sargento!"

"Creo que estás diciendo puras tonterías, Teeneeko, pero me importa madre tu nombre."

Abrió un cajón de su escritorio y sacó una llave inglesa. "Mira esta llave. ¿Ves algo especial?"

"No, Sargento."

"Bueno, aquí tienes tu primera lección de mecánica, Tikono. No existen las llaves inglesas para zurdos. Alguien te está tomando el pelo. Vuelve con tu jefe de escuadra, el Sargento Bess, y yo hablaré con el Sargento de Suministros."

"Sí, Sargento."

Mientras volvía a mi taller, decidí que no iba regresar corriendo.

¡Maldita sea! Las cosas empezaron a aclarar de repente. Sabía qué eran las luces químicas; las usábamos en el entrenamiento básico y no necesitaban baterías. Y para joder aún más, quizá no era muy hábil con la mecánica, pero sabía perfectamente que no existía una llave inglesa para zurdos. ¡Mierda, me jodieron con la broma! Solo quedaba el asunto de las cuadrículas con el Sargento Bess.

Debí de tener una cara de desconcierto cuando entré al taller, porque todos se echaron a reír en cuanto entré. El Sargento Bess se acercó y me dio una palmada en la espalda.

"Tinoco, ¿te das cuenta de que acabas de destrozar un mapa militar en perfecto estado sin ninguna razón?"

Todos seguían riéndose, imbéciles.

"Ahora sí, Sargento. Eso estuvo genial. Sí que se pasaron de lanza con esa." Yo también empecé a reír.

Desde ese día, me uní a la tradición. Esa broma nunca pasa de moda.

Nuestro grupo era diverso. El Sargento Bess lideraba. Teníamos al Sargento Mack, blanco, y al Sargento Sepulveda, puertorriqueño. Entre los soldados había tres mexicanos, un blanco y un negro pelirrojo llamado Deprimathon Jackson. Jackson me tomó bajo su ala y, con el tiempo, solo lo llamaba "Jack". Me enseñó sobre la vida militar, sobre Fort Hood y sobre la vida en general. Era sabio, fuerte y tenía un gran corazón. Supongo que Jack había aguantado mucha mierda a lo largo de su vida por ser un hombre negro pelirrojo, y que sabía muy bien cómo contrarrestar muchas de las cosas malas que nos pasaban tanto en el trabajo como fuera de él.

Los otros dos mexicanos de la escuadra eran de New Braunfels, Texas, y ya eran ciudadanos estadounidenses de tercera o cuarta generación. No mexicanos ingenuos como yo. De hecho, eran primos. ¡Qué casualidad! Dos primos del mismo pueblo acabando en la misma unidad militar en Fort Hood. No estaban tan lejos de casa, Mike y John.

Mike era el más joven y el más alocado. John era mayor y más maduro. Sin embargo, en aquel entonces parecía que ambos habían vivido vidas muy distintas a la mía, lo que provocaba algún que otro roce entre nosotros. En cualquier caso, eran buena gente e hicieron todo lo posible por enseñarme lo que sabían sobre ser hispano en el centro de Texas.

George era nuestro único blanco, aparte del Sargento Mack. Podría describirlo como el típico tipo común y corriente con uniforme militar. Era divertidísimo y bienintencionado, pero nunca conseguía entender nada de lo que hacíamos. Esto hacía que nuestro trabajo fuera mucho más divertido, pero también provocaba que lleváramos más tiempo trabajando.

Nuestro trabajo era sencillo: distribuir vehículos y equipo a los soldados para las operaciones diarias, los entrenamientos e incluso los despliegues. Sin la distribución automatizada, ningún equipo podía funcionar. Trabajábamos en conjunto con los mecánicos del parque automotor, quienes nos informaban si un vehículo o equipo estaba operativo o no.

Cuando el equipo necesitaba mantenimiento, los mecánicos nos pedían que solicitáramos las piezas necesarias. Manteníamos un stock de repuestos automotrices en el taller, y cada uno de nosotros estaba asignado a una compañía específica del batallón. Algunas de las piezas que almacenábamos o que los vehículos necesitaban se podían devolver al Ejército para su reacondicionamiento, mientras que otras simplemente se reciclaban.

Dado que nuestra unidad era de infantería mecanizada y su principal fuerza de combate eran los vehículos de combate Bradley, manejábamos muchas piezas automotrices pesadas y costosas. Transportar algunas de esas ruedas de carretera y orugas para los vehículos oruga no era tarea fácil. Para gran parte del trabajo, teníamos que usar una carretilla elevadora para cargar o descargar las piezas de nuestros camiones de carga M35 de dos toneladas y media.

Se les conocía comúnmente como «deuce and a half» (dos y media), y eran auténticas bestias. Podían atravesar prácticamente cualquier terreno de entrenamiento que encontráramos. Pero un viaje en ellas era un infierno, y la mayoría no teníamos ninguna piedad con nuestro acompañante, sobre todo cuando estábamos en el campo.

Recuerdo muchísimas veces en que mi acompañante se quedaba dormido del cansancio y del constante traqueteo del camión. Era entonces cuando solía lanzar el camión contra un BFH (*big fucking hole*) o una BFR (*big fucking rock*); esos eran unos agujeros enormes o unas rocas enormes.

Ver la cabeza del pasajero golpearse contra la ventanilla o la parte superior del marco metálico siempre era divertidísimo. Lo mejor era cuando nos obligaban a usar el casco al conducir. Ese casco pesadísimo sobre nuestras cabezas y luego golpeando contra la ventanilla siempre me hacía reír.

Muchos de mis pasajeros intentaban disimular y actuar como si no se hubieran dormido. Cuando hacían eso, yo buscaba agujeros aún más grandes y piedras aún más grandes. ¡Qué tiempos viejos tan llenos de risa!

Lo mejor de nuestro taller, y del ejército en general, era que éramos un grupo de hombres bastante diverso. Esto significaba que podíamos picarnos entre nosotros sobre cualquier tema y por cualquier razón.

Teníamos conversaciones de lo más interesantes. Otra ventaja de estar destinados a esa unidad era que podíamos hablar como nos diera la gana, ya que no había ninguna mujer asignada.

Si no nos estuviéramos insultando o maldiciendo constantemente, algo andaba mal. Pero ni se le ocurriera a alguien ajeno a la unidad insultarnos, porque entonces se armaría una bronca. Era gracioso, la verdad. Podíamos criticarnos entre nosotros porque éramos de la misma unidad, pero jamás podíamos permitir que un soldado de otra unidad nos insultara, porque se armaría el desmadre.

Un viernes, el Sargento Mayor nos dijo en formación:

"Caballeros, si me entero de que un soldado de los Black Knights deja atrás a un compañero en un bar para que lo golpeen, vendré personalmente a romperles el trasero."

"Y si hay más de los otros, llámenme, ¡porque mandaré a todo el batallón a ese bar para asegurarme de que los Black Knights ganen la pelea! ¿Entendido?"

"¡Sí, Sargento Mayor!", rugimos todos al unísono.

"Ahora bien, si la policía llega al bar y disuelve la pelea, que alguien me llame para que pueda ir a arreglar el lío. ¡Ninguno de mis hombres, y digo ninguno, irá a la cárcel por ayudar a sus compañeros sin mi permiso expreso! ¿Me entienden?"

"¡Sí, Sargento Mayor!"

Eso fue todo. Esas eran nuestras instrucciones semanales y, en general, el mando de los Caballeros Negros (*Black Knights*) cumplió con lo prometido. Esto no significaba que un soldado no fuera a ser castigado por sus actos; simplemente significaba que recibiría un castigo interno y no tendría que enfrentarse a cargos civiles, lo que podría perjudicar su carrera militar.

Pasaron unos seis meses desde mi llegada a Fort Hood hasta que empecé a meterme en líos con los demás soldados. Aunque puede que esté exagerando un poco.

Una noche, salí a un bar con unos amigos. Estábamos pasándolo bien bebiendo y jugando billar, escuchando música country, y todos mis colegas estaban tomando cerveza. Yo no bebía, porque aún no tenía veintiún años. Esto también significaba que era el conductor designado en todas nuestras salidas.

Para mis amigos, yo era Junior. Era Junior por varias razones. Primero, era el más joven del grupo. Segundo, era el nuevo integrante de nuestro pelotón. Tercero, y probablemente lo más importante, apenas estaba empezando a aprender sobre la vida. Había pasado toda mi infancia y adolescencia trabajando sin aprender mucho sobre divertirme con amigos y hacer locuras. Esto prácticamente significaba que era el pupilo de todos, y vaya, qué situación tan peligrosa.

Bueno, algunos estábamos en el bar del barrio, jugando billar, escuchando música country, y todos mis colegas estaban tomando cerveza. Como en cualquier bar con mesas de billar, alguien terminó chocando con otro o alguien acusó a otro de arruinarle el tiro.

Casualmente, esa noche, Eddie, uno de mis amigos, chocó accidentalmente con un jugador en la mesa de billar de al lado. Esto, supuestamente, arruinó el tiro que estaba a punto de tomar el "jugador profesional". Y ahí empezó la diversión.

Eddie se giró inmediatamente hacia el "jugador profesional de billar" y se disculpó.

El profesional le dijo: "¡¿Qué chingados?! ¡Me arruinaste el tiro, imbécil!"

"Lo siento, hermano. No fue mi intención."

"¡Chingados que no fue tu intención, pedazo de mierda!"

Como era el único sobrio del grupo, me acerqué rápidamente a Eddie e intenté calmar la situación antes de que se descontrolara. Incluso me ofrecí a invitarles una jarra de cerveza al profesional y a sus amigos.

Pero había un problema: no podía comprar cerveza por ser menor de edad, y mis amigos no me apoyaban.

"¡Qué va, Junior! ¡Eddie ya se disculpó, hombre; con eso basta! ¡Este cretino se está comportando como una diva, como si le hubiéramos arruinado un tiro profesional o algo así!"

Para entonces, ambos grupos se estaban acercando a mí, a Eddie y al profesional, y todos empezaban a hablar en voz alta.

De alguna manera, logré alzar la voz por encima de todos y pedirles que se calmaran, se relajaran y disfrutaran del resto de la noche.

"Vamos, chicos, aquí no ha pasado nada. Tomémonos unas copas y relajémonos."

Olvidé mencionar que el profesional era unos quince o diecisiete centímetros más alto que yo, y yo era casi la misma cantidad más alto que Eddie. Al parecer, eso le daba la palabra siempre que quería. ¿Cómo no iba a pensar así? Era un chico blanco alto y un mexicano le había arruinado el tiro.

"¿Junior? ¿Así te llaman tus colegas? ¡Para mí eres un pedazo de mierda!"

De repente, vi puños volando a mi alrededor hacia el profesional.

"¡Chingas a tu madre! ¡Nadie le falta el respeto a Junior, excepto nosotros!"

Y así, el bar se convirtió en campo de batalla.

Al final, cuatro mesas de billar quedaron destrozadas, un montón de tacos de billar partidos por la mitad, bolas de billar esparcidas por todo el bar, y la mayoría teníamos la nariz sangrando, algunas manos magulladas y la ropa hecha un desastre. Un montón de luces rojas y azules iluminaban el cielo fuera del bar mientras la policía interrogaba a los camareros y a algunos testigos que no habían participado en la pelea.

De repente, apareció una camioneta enorme en el estacionamiento, y nuestro Sargento Mayor bajó del lado del conductor. Uno de los camareros se acercó al Sargento Mayor y empezó a explicarle todo lo sucedido, señalándonos a nosotros y luego al grupo de los otros soldados, los "jugadores profesionales".

Yo estaba que me cagaba. O sea, la policía estaba allí, el bar era un desastre, estábamos todos magullados, igual que el otro grupo, y ahora también estaba nuestro Sargento Mayor.

Observé al Sargento Mayor como un halcón mientras se acercaba a los policías y comenzaba a charlar con ellos. Nos miró, luego miró dentro del bar y después examinó a los demás soldados como si evaluara los daños que habían sufrido y los comparara con los nuestros.

Tras unos minutos de conversación con los policías, se acercó a nosotros.

"¡Hombres! El camarero me ha puesto al día de todo. Parece que intentaron evitar la pelea. Eso me gusta. ¡Me gusta mucho!"

Miró a los otros soldados.

"Lo que más me gusta de todo este asunto es que esos soldados allí están mucho más jodidos que ustedes. Los hechos de hoy hacen que los Black Knights se sientan orgullosos."

Nos miró a todos y suspiró profundamente.

"¡Ahora recojan sus pinches cosas y suban a mi camioneta!"

Todos obedecimos de inmediato. Corrimos y cojeamos hacia la parte trasera de su camioneta y saltamos dentro. Nadie decía una palabra, y creo que ninguno dijo nada en todo el camino de vuelta al cuartel.

Una vez en el cuartel, el Sargento Mayor nos mandó a dormir con órdenes de que nos las arregláramos para recoger nuestros vehículos al día siguiente en el bar.

"No dejen los vehículos ahí, porque se los llevará la grúa y tendrán que gastar su dinero de cerveza para eso."

Eso fue todo. Ninguno de nosotros tuvo problemas serios por el incidente. Sí nos regañaron bastante el lunes siguiente en la formación y el entrenamiento físico, pero nada grave. Recibimos una advertencia formal que indicaba que ese incidente quedaba exento de responsabilidad.

Cualquier otro incidente sería tratado según lo estipulado por nuestros superiores.

Estuve destinado en Fort Hood, Texas, durante seis años. En esos seis años, creo que fuimos al Centro Nacional de Entrenamiento en Fort Irwin, California, todos los años. A veces íbamos en verano, lo cual era horrible con unas temperaturas tan altas que parecía que el sol estaba sobre nosotros, ya que el centro de entrenamiento está en el desierto de Mojave. Otras veces íbamos en invierno, lo cual era igual de horrible debido a los drásticos cambios de temperatura entre el amanecer y el atardecer.

El entrenamiento en sí duraba solo cuatro semanas, pero eran cuatro semanas terribles para mi escuadra. Como éramos los encargados de la distribución de todo el equipo operativo, primero teníamos que ingresar todo el equipo y luego a los operadores asignados en nuestros sistemas informáticos.

El resto del batallón solo tenía que preocuparse por su propio equipo. Nosotros teníamos que preocuparnos por los vehículos de todos cuando salían a entrenar y cuando los devolvían a Fort Irwin una vez finalizado el entrenamiento. ¡Imagínense las noches sin dormir y los días aún peores! Cada batallón y sus compañías asignadas tenían zonas designadas para dormir durante la primera semana para recoger el equipo y durante la última semana para devolverlo. Los soldados de mi sección dormíamos donde fuera.

Normalmente nos desplomábamos fuera de nuestra carpa de trabajo, encima de nuestras mochilas, y si queríamos dormir una hora más, buscábamos un vehículo que ya se hubiera entregado y nos metíamos dentro.

Dormir era algo muy apreciado del que no disponíamos mucho durante los entrenamientos.

El trabajo de intendente es de 24 horas al día, 7 días a la semana. Se puede decir que otros pelotones trabajan solo cuando están entrenando o cuando el batallón ha desplegado. En cambio, los intendentes como yo y los de mi sección tenemos trabajo que hacer, ya sea cuando estamos entrenando, desplegados o de vuelta en la base. Trabajamos codo con codo con los mecánicos encargados del mantenimiento de todo el equipo y tenemos que tratar con muchas profesiones diferentes dentro del servicio militar: médicos, personal de suministros, cocineros, infantería, exploradores, artilleros, etc.

Somos una de las pocas profesiones con las que los soldados saben muy bien que no deben meterse. Los soldados no se meten con los cocineros, o su comida saldrá mal de una forma u otra, o sus raciones de campaña podrían no ser tan adecuadas como uno quisiera.

Tampoco se meten con el personal de suministros, ya que son quienes les proporcionan a los soldados todos los artículos necesarios para el trabajo, el entrenamiento y el despliegue. Reto a cualquier soldado que joda con una de estas unidades y verá que quedará sin baterías u otros artículos esenciales de campaña. Luego veremos a quién recurre.

El Taller de Apoyo Logístico, o el Centro de Despacho de la Lista de Carga Prescrita (LCP), como suelen llamarnos los soldados, es otra unidad con la que no conviene meterse. El vehículo o el equipo operativo de un soldado es su sustento en el campo y en la base. Debe cuidarse para poder seguir en la lucha.

Adelante, haz enojar a un soldado que trabaja en mi escuadra. Te garantizo que las piezas que necesitas para que tu vehículo siga funcionando tardarán muchísimo en llegar a los de mantenimiento. Ah, y esos artículos retornables que se pueden reacondicionar y que hay que entregarnos para su correcta gestión… esos van a ser devueltos por tonterías varias veces, al menos. Solo para que quede claro.

"No jodan con los intendentes." Los intendentes tienen el poder de dejar a un soldado fuera de combate si se les provoca. Es importante recordar que, independientemente de la tarea que tengan entre manos, los soldados siempre tienen algo más que hacer o algo mejor en mente, y no les gusta que los retengan.

Esta fue la relación que aproveché durante toda mi carrera militar. El hecho de que nuestra escuadra fuera una parte fundamental de la preparación operativa de cualquier unidad o pelotón me resultaba muy útil cada vez que quería aprender algo nuevo. La mayoría de las veces, solo quería que me dejaran entrenar con los soldados de operaciones tácticas que hacían todas las cosas que nosotros normalmente no haríamos, como aprender técnicas de patrulla de campo, disparar armas nuevas, explosivos, e incluso algo tan simple como aprender a conducir los distintos equipos que teníamos en nuestra unidad. Hacer nuestro trabajo bien nos permitía pedir favores de las otras unidades.

Fueron esos "favores" los que, en última instancia, se convirtieron en la causa de mis pesadillas actuales. Gracias a las diversas cosas que aprendí en los diferentes pelotones, pude hacer y ver cosas que muchos intendentes jamás experimentan en toda su carrera. Pero me estoy adelantando; ya entraré en esos detalles más adelante.

Al recordar los momentos tensos en el Centro Nacional de Entrenamiento, una noche en particular me viene a la mente.

Durante nuestros entrenamientos en el CNE, las unidades realizan diversos ejercicios de fuego real. A veces, la notificación de las ubicaciones exactas donde se disparará la munición real llega con retraso, como ocurrió una fría noche.

Ser parte del taller de Apoyo Logístico implica que la mitad de nosotros siempre estamos cerca de la batalla, junto con la mayor parte de nuestra unidad y sus respectivos equipos de mantenimiento. Esto se hace para que podamos tener a mano las piezas necesarias en caso de que algún equipo sea alcanzado por fuego enemigo y quede temporalmente fuera de combate. Esto solo aplica a los vehículos de combate que pueden repararse rápidamente y volver a la acción.

La otra mitad de nuestro taller permanece más atrás, con el elemento principal de apoyo, para atender todas las demás situaciones y vehículos que no se pueden reparar rápidamente. De hecho, muchos necesitan mucho más que solo unas pocas piezas nuestras. Esta sección del taller también prioriza los repuestos que se agotan cerca del frente para mantener a nuestras fuerzas de combate en la batalla el mayor tiempo posible.

Esa noche en particular, mis compañeros Jack, John y yo formábamos parte del elemento de vanguardia, y era de madrugada, después de que ya habíamos decidido dormir un rato. De repente, el sargento Mandy se acercó a nuestros vehículos, ya que operaríamos desde ellos en el frente, y nos ordenó apagar todo y prepararnos para partir.

"¡Tinoco! ¡Desmonten todo y prepárense para moverse! ¡Van a empezar un ejercicio de fuego real y estamos en la zona de tiro!"

Salté de mi saco de dormir en un solo salto.

"¡No la joda, sargento! ¿Esto va en serio?"

"¡Sí, carajo! ¡Muévete y avisa a tus compañeros que salimos en diez minutos!"

Para cuando terminó de soltar esa tontería, ya me estaba poniendo las botas y saltando de mi camión. Mi primera parada fue el vehículo de Jack.

"¡Jack! ¡Jack!", grité mientras me subía a la parte trasera de su camión.

"¡Jack! ¡Despierta, con una chingada, tenemos que irnos, hombre!"

"¿Qué demonios, Tinoco?"

"¡Que te levantes, te digo! ¡El sargento Mandy dijo que salimos en diez minutos porque nos van a disparar en un estúpido ejercicio de fuego real!"

"¿Me estás jodiendo? ¡De todas las putas cosas, no manches, Tinoco!"

Ya estaba corriendo hacia la camioneta de John para avisarle lo mismo, y algunos de los miembros de apoyo de nuestro batallón también estaban acampando en nuestro campamento debido a un trabajo pesado que tenían que hacer. Esos tipos habían tenido la amabilidad de traer su montacargas, y ahora estaban a punto de ser acribillados a balazos.

En cuestión de segundos, nuestra zona de concentración provisional se puso en marcha, con todos alerta y moviendo equipos por todas partes, mientras el sargento Mandy y nuestro suboficial, el jefe Pike, no dejaban de gritar a todos que se movieran más rápido y se alinearan detrás del vehículo del jefe, ya que él sería quien encabezaría nuestro convoy hacia un lugar seguro.

Todo aquello fue un caos: motores rugiendo, soldados maldiciendo y quejándose, y encima teníamos que practicar disciplina de luces, ¡de todas las cosas!

¡Disciplina de luces! ¡Increíble!

Esto significaba que no podíamos tener ninguna luz encendida mientras nos preparábamos para partir ni durante el movimiento en sí. Por suerte, contábamos con la luz de la luna, pero nuestros técnicos de mantenimiento lo estaban pasando fatal porque tenían que remolcar el equipo en el que estaban trabajando.

Enganchar esos vehículos a nuestras grúas y tanques no fue tarea fácil en la oscuridad y, para colmo, con nuestras vidas en juego. Las bengalas químicas volaban por todas partes mientras trabajábamos juntos para que todo estuviera listo para partir.

Jack y John se aseguraron de que tuviera todo mi equipo y estuviera listo para partir, ya que yo era el soldado de menor rango del escuadrón en ese momento. Esos tipos siempre me cuidaron, especialmente Jack.

"Tinoco, ¿listo, hombre?", dijo mientras revisaba mi chaleco antibalas, mi arma y mis gafas de visión nocturna.

"Sí, hermano. Listo."

"Bien, esta es la formación. John irá al frente, tú en el medio y yo detrás. El equipo de apoyo del batallón irá detrás de mí con su vehículo, ya que ellos tiran de ese maldito montacargas."

"De acuerdo, entendido."

"Sube a tu camión y no te quedes atrás, porque vamos a conducir de noche, sin luces, así que mantén las gafas de visión nocturna puestas y ¡no pierdas de vista el camión de John!"

Todos subimos a nuestros vehículos mientras el sargento Mandy y el jefe Pike gritaban que nos poníamos en marcha. Estaba nervioso; la idea de que nos dispararan con morteros y demás durante el entrenamiento no me daba ninguna tranquilidad.

El convoy empezó a avanzar y, como era de esperar en el desierto, el polvo empezó a levantarse por todas partes. La situación empeoró cuando salimos de la zona a toda velocidad. Apenas podía ver los faros del camión de John delante de mí debido a la arena que volaba por todas partes. Por suerte, con el tiempo, mi vista se acostumbró y pude seguir a John sin problemas.

Hubo momentos durante el trayecto en los que tuve que acelerar a fondo porque el convoy no paraba de aumentar la velocidad. Los vehículos rebotaban al pasar por encima de rocas y baches, y seguíamos avanzando lo más rápido y con la mayor precaución posible. La velocidad era la prioridad.

Con tantos rebotes durante el trayecto, me resultaba difícil mantener las gafas de visión nocturna apuntando directamente hacia delante. Iban montadas en mi casco antibalas, pero se movían con cada sacudida del vehículo. Justo cuando las ajustaba para ver mejor, vi que las luces traseras de visión nocturna de John se encendieron y permanecieron encendidas. Frené de golpe y los demás vehículos que venían detrás hicieron lo mismo. Enseguida oí a Jack.

"¿Qué carajo, Tinoco? ¿Por qué nos detenemos?"

Simplemente reaccioné, salté de mi camioneta y corrí hacia la de John.

"¡John! ¡John! ¿Estás bien, amigo?"

"No, hermano, choqué con una roca enorme y reventé la llanta delantera. ¡No puedo seguir! ¡No puedo creer esta mierda!"

Corrí rápidamente hacia Jack, que venía hacia nosotros.

"¡Jack, baja ese maldito montacargas rápido! ¡El camión de John tiene una llanta reventada!"

"¡No lo puedo creer, Tinoco!"

Debió haber visto mi expresión o mi seriedad en la oscuridad, porque en cuanto me miró, echó a correr conmigo hacia el equipo de apoyo del batallón.

"¡Oye, baja ese montacargas, hombre! ¡Tenemos una llanta reventada en un camión de dos ruedas y tenemos que levantarla rápido antes de que nos caigan los cañonazos encima!"

Justo cuando estábamos coordinando la situación con el montacargas, el sargento Mandy llegó con su Humvee, levantando una nube de arena, exigiendo saber por qué demonios habíamos detenido el convoy.

Jack le explicó la situación mientras yo seguía ayudando a bajar el montacargas de la plataforma y acompañaba al conductor hasta el camión de John.

El sargento Mandy saltó de su vehículo y corrió hacia John para ayudarlo a quitar la llanta de repuesto del camión. John ya estaba debajo de la parte trasera, manipulando la llanta.

Todos caminábamos con linternas químicas en las manos y en la boca debido a la estricta disciplina, incluso en esta situación tan complicada. Las reglas son las reglas.

Jack y yo guiamos rápidamente el montacargas hasta la parte delantera del camión y usamos nuestras linternas químicas para iluminar el parachoques delantero y que el operador pudiera verlo. Las horquillas se deslizaron debajo del parachoques y el camión se elevó lo suficiente de la arena para que pudiéramos trabajar en el reemplazo de la llanta.

Trabajamos como un equipo de NASCAR con esa llanta. La llanta reventada fue retirada y la de repuesto colocada en cuestión de segundos. Éramos hombres con una misión, y nada nos iba a detener. Jack y yo llevamos la llanta dañada detrás del camión y simplemente la arrojamos al remolque que John estaba arrastrando. Ese remolque estaba lleno de ruedas de carretera y orugas para nuestros vehículos de combate Bradley y algunas de nuestras orugas médicas.

Luego guiamos el montacargas de vuelta hacia la plataforma y ayudamos al operador a asegurarla antes de regresar con John y el sargento Mandy.

"¡Todo bien, sargento!"

"Muy bien, chicos, nos hemos separado del convoy principal, así que ahora yo iré al frente, ¡y ustedes intenten seguirme lo mejor que puedan! ¡Tenemos que largarnos de aquí cuanto antes, así que manténganse firmes y cuidado con esas malditas rocas!"

El sargento Mandy tomó la delantera de nuestro grupo y logró sacarnos de la zona de impacto hasta una zona segura donde el jefe Pike ya nos esperaba con el resto del convoy. Creo que ninguno de nosotros pudo dormir hasta la noche siguiente, una vez que nos instalamos en otro lugar y retomamos nuestras operaciones normales para el entrenamiento.

Eran momentos como este los que siempre nos unían más. Ahí estábamos de nuevo, a punto de explotar a pedazos durante un entrenamiento, y de alguna manera siempre lográbamos unirnos para cumplir con nuestra misión. Así es la vida militar. Rangos, nacionalidades, orígenes, religiones, diferencias de edad y mentalidades quedan de lado por el objetivo común de ayudar a nuestros compañeros. ¡Impresionante!

El resto de ese ciclo de entrenamiento transcurrió sin incidentes, aunque nuestros días y noches continuaron con poco descanso y aún menos sueño.

Cuánto deseábamos regresar a Fort Hood.

Capítulo 8

Despliegue militar

Probablemente lo más duro de los despliegues militares —de lo que casi nadie habla— es que, después de haber estado fuera tanto tiempo, los soldados se sienten completamente fuera de lugar en sus propias casas.

Mientras están desplegados en otros países para combatir en la guerra que se esté librando, la vida continúa en casa sin el soldado. Todas las tareas que pueden parecer insignificantes y que la mayoría da por sentadas, como cortar el césped, sacar la basura, arreglar cosas en casa e incluso recoger a los niños del colegio, quedan a cargo de otro miembro de la familia.

La mayoría de las veces es la esposa o el esposo, según quién se haya quedado, quien termina cargando con todas esas responsabilidades. Es comportamiento humano básico: las cosas deben hacerse y, con el tiempo, se vuelven responsabilidad de alguien que no es el soldado desplegado.

Para complicarlo más, todos los que se quedaron continúan evolucionando como seres humanos. Cambian las dinámicas dentro de la familia. Nuestros hijos adquieren hábitos nuevos, aprenden cosas nuevas y siguen creciendo, formando su personalidad sin la presencia del soldado.

Todo esto se pierde durante el despliegue militar. El soldado no llega a presenciar el desarrollo de la personalidad de sus hijos, ya sea para bien o para mal.

El soldado regresa esperando, deseando, que todo siga igual. Y en gran medida sí lo está… solo que la familia aprendió a manejar toda la vida del hogar sin la presencia y, más importante, sin la necesidad del soldado.

Entonces, ¿dónde nos deja eso?

Nuestra mente sigue anclada en el pasado y tenemos que ponernos al día en poco tiempo. Ponernos al día con lo mucho que han crecido y cambiado nuestros hijos. Ponernos al día con cómo nuestra pareja ha gestionado el hogar sin nosotros y a su manera.

Un soldado debe aprender a integrarse y adaptarse a la nueva dinámica familiar. Un soldado no puede imponer su voluntad ni su criterio desde el primer día. Debemos aceptar de inmediato que hemos estado fuera mucho tiempo y que las cosas en casa han cambiado. Debemos reintegrarnos poco a poco a nuestros hogares y a nuestras familias.

No es fácil lidiar con estas cosas al regresar.

Al menos para mí y los soldados con los que estuve desplegado, no fue nada fácil. Sobre todo, teniendo en cuenta que todavía necesitábamos desconectarnos de nuestra vida cotidiana durante el despliegue militar, algo que quizá hoy sea distinto con los avances en la tecnología de comunicación.

El único momento en que un soldado puede relajarse y dejar de lado la sensación de estar en una "zona caliente" o en combate es durante el tiempo que tarda el avión en regresarnos a casa.

Dicho esto, mi primer despliegue militar fue a Bosnia y Herzegovina. Estaba en el avión rumbo a Bosnia el 24 de agosto de 1998, y al llegar, me esperaba un mensaje de la Cruz Roja.

Mi primer hijo nació durante el vuelo. En mi primera hora en el país, ya sentía y sabía que había perdido muchísimo. Darme cuenta de todo lo que ya me había perdido y de todo lo que estaba a punto de perderme con respecto a mi hijo fue abrumador. Mi comandante de batallón me acompañó hasta una pequeña choza y me indicó dónde había un teléfono para llamar al hospital.

Acabábamos de aterrizar. El comandante me miró, me dio una palmada en la espalda, me felicitó y dijo: "Tienes cinco minutos; luego debemos irnos".

Mi llamada se conectó con el hospital donde nació mi hijo y pude hablar con su madre unos minutos. Le pregunté si el bebé estaba bien y si el parto había transcurrido sin problemas. Ella y yo ya estábamos en malos términos antes del despliegue y, aunque yo había pedido que nuestro hijo llevara el nombre del cantante mexicano Marco Antonio Solís, ella eligió una versión distinta.

Cuando le pregunté por qué el cambio de nombre, recibí una respuesta inesperada. No quería que nuestro hijo tuviera un nombre que pudiera considerarse "demasiado mexicano", y también había decidido quitarle la "o" de su segundo nombre. Mi segundo nombre es Alberto, y ella usó Mark Albert para mi hijo.

Recién llegado a Bosnia, no quise empezar discutiendo y terminé la llamada incluso antes de los cinco minutos. Al volver con la unidad, solo un pensamiento me rondaba la cabeza: no creía que regresaría a un hogar con familia.

Para colmo, no sabía cuánto tiempo estaría en Bosnia. En las reuniones informativas previas al despliegue, nos repetían que estaba previsto que durara solo seis meses, pero que podría extenderse hasta un año.

Recién llegados al país, desconocíamos por completo los plazos exactos. Un soldado se sacrifica enormemente para cumplir una misión. El nacimiento de mi hijo fue mi primera lección al respecto.

Nuestra unidad se desplegó en Bosnia tras el fin de la guerra civil, que tuvo lugar entre 1992 y 1995. Mucha gente aún quería que nos fuéramos, junto con las demás fuerzas de la OTAN (Organización del Tratado del Atlántico Norte), para poder seguir matándose entre ellos. Se suponía que nuestra misión era mantener la paz y ayudarlos con sus primeras elecciones democráticas.

Una de las misiones más peligrosas que la Primera División de Caballería tuvo durante este despliegue fue la operación de desminado. En aquel entonces, se sabía que Bosnia había dejado más de un millón de minas sembradas durante los tres años de guerra civil. Nuestros ingenieros fueron los encargados de la remoción, el desmantelamiento y la destrucción de todas las minas terrestres que se encontraran. Esto, por supuesto, se llevaría a cabo con la ayuda y el apoyo de toda la Primera División de Caballería y otras fuerzas de la OTAN.

Mi batallón, el 2-5 Regimiento de Caballería, estaba dividido en diferentes campamentos por todo el país. La Compañía Alfa estaba estacionada en el Campamento McGovern, situado al norte del país, cerca de las fronteras con Croacia y Serbia. Después de dejar el Campamento Eagle en Tuzla, Bosnia, no volví a ver a mi compañero de escuadra —quien se encargaba de todos los asuntos de la Compañía Alfa— hasta que todos regresamos a Fort Hood, Texas.

Mi otro compañero, el encargado de la Compañía Charlie, estaba destinado en el Campamento Comanche. Y para complicar las cosas, tuvimos que apoyar a nuestra Compañía del Cuartel General mediante una operación dividida. El elemento de apoyo de la compañía estaba situado en el Campamento Dobol. Tanto el Campamento Comanche como Dobol se encontraban a pocas horas al sur de Tuzla. El Campamento Dobol era el más cercano a la frontera serbia.

A mí me enviaron al Campamento Demi con otro soldado de mi escuadra. Nos encargaríamos de la logística de la Compañía Bravo y del componente operativo de la Compañía del Cuartel General. El Campamento Demi era el más meridional del país; se ubicaba a unas cuatro horas al noreste de Sarajevo.

Ninguno de nosotros volvería a verse hasta que terminara nuestro despliegue y regresáramos a Fort Hood.

El viaje hacia el Campamento Demi fue surrealista. Al ver los restos devastados del país, era inevitable preguntarse si alguna misión de paz podría tener éxito. Ese pensamiento era más fuerte en Sarajevo.

Sarajevo es la capital de Bosnia y Herzegovina, y fue sede de los Juegos Olímpicos de Invierno de 1984, pero nadie lo hubiera imaginado al recorrer las ruinas de la ciudad durante mi estancia allí. Su guerra civil había sido tan horrible e impredecible que la gente ni siquiera podía enterrar a sus muertos en cementerios dignos.

Recuerdo haber patrullado con algunos exploradores de la Compañía del Cuartel General y ver cruces sobre tumbas en cualquier pedazo de hierba o tierra cerca de edificios de apartamentos, casas, chozas e incluso negocios. Era impactante pensar y comprender que estas personas no podían estar mucho tiempo fuera de un edificio o estructura, ya que el bando contrario las mataba en cuanto ponían un pie afuera.

Durante una de nuestras patrullas, nos aventuramos a ver algunas de las estructuras de los Juegos Olímpicos de Invierno y no nos sorprendió encontrarlas en ruinas, plagadas de evidencia de haber sido utilizadas como estructuras de apoyo durante intensos combates. Las estructuras estaban cubiertas de daños por balas y explosiones. La ciudad y sus alrededores quedaron completamente devastados durante la guerra.

Probablemente, una de las patrullas más peligrosas en las que participé nos llevó por el aeropuerto de Sarajevo. Ese lugar estaba completamente destruido. Podíamos ver aviones aún en la pista, destrozados y carbonizados por los incendios, seguramente causados por morteros y artillería pesada durante el conflicto.

Poco después de pasar el aeropuerto, comenzamos a recibir fuego desde los edificios a nuestro alrededor. Nuestras reglas de enfrentamiento eran muy claras: debíamos tener confirmación visual absoluta de la presencia de un combatiente enemigo antes de abrir fuego contra cualquier amenaza. Lo único que podíamos hacer era salir a toda velocidad de la zona y seguir recibiendo fuego mientras nos alejábamos.

Yo iba de pasajero en uno de los Humvees, y aunque todos estábamos listos para disparar, no podíamos hacer nada. Nuestros artilleros, que se asomaban por las ventanas de los Humvees, se encontraban en una situación más precaria, ya que tenían que permanecer allí buscando objetivos mientras continuaba el tiroteo. Había sentido miedo antes, pero no un miedo a la impotencia como este, escuchando las balas impactar contra nuestros vehículos blindados mientras acelerábamos sin cesar en busca de un objetivo. Nuestro artillero quería responder al fuego; la verdad es que todos lo queríamos.

Recuerdo al teniente primero al mando de la patrulla dándonos órdenes por radio, pidiendo que alguien avistara un objetivo: "¿Alguien tiene un objetivo a la vista? ¿Alguien puede ver claramente de dónde vienen los disparos?".

Ninguno de nosotros podía; mis ojos recorrían frenéticamente cada edificio que pasábamos, y estoy seguro de que todos los exploradores de nuestra patrulla hacían lo mismo. Sabíamos qué buscar; todos buscábamos un fogonazo, pero los disparos que recibíamos estaban bien coordinados. No eran ráfagas largas; eran simplemente disparos aislados.

Una voz se oyó por la radio: "Teniente, solo tenemos una zona general de posibles objetivos, ¡sin confirmación visual! Si no podemos responder al fuego, ¡salgamos de aquí cuanto antes!".

Justo cuando se oyó el aviso, nuestro artillero gritó que tenía a la vista un objetivo. Nos acercábamos a un viejo almacén destruido, y nuestro artillero indicó que veía a cuatro o cinco combatientes disparándonos. Transmitimos la información por radio, ya que aún necesitábamos la autorización del teniente.

"Está bien, muchachos: ¡tenemos el objetivo, háganlos polvo!"

Nuestros artilleros abrieron fuego mientras seguíamos avanzando a toda velocidad por la calle. Dos de nuestros Humvees llevaban ametralladoras calibre .50 y los otros dos, lanzagranadas automáticos MK19.

Tras unas cuantas ráfagas, el repiqueteo y el zumbido de los disparos que impactaban nuestros vehículos cesaron momentáneamente, permitiéndonos confirmar que teníamos los objetivos correctos.

Nuestro Humvee se detuvo a una cuadra del almacén, y todos salimos lo más rápido posible y nos refugiamos en uno de los edificios cercanos. Los artilleros permanecieron en los Humvees.

Esperamos unos segundos. No se oían disparos.

Los exploradores comenzaron a hacer señas con las manos para avanzar hacia el almacén, y yo los imité. Entramos en el edificio sin que se produjera ningún otro enfrentamiento. Todavía teníamos que llegar al último piso, o al menos a lo que quedaba de él. Atravesar los escombros de la guerra civil y de la que acabábamos de provocar era complicado, pero necesitábamos confirmar la baja para el informe posterior. Una vez en el último piso, encontramos siete cuerpos y un arsenal de armas diversas cerca de ellos.

Una vez que todos evacuamos el edificio y nos aseguramos de que no hubiera otros combatientes dentro, el teniente dio el aviso. Permanecimos allí durante varias horas hasta que llegaron otros altos mandos para tomar el informe del teniente y comenzar a esclarecer el incidente con las autoridades locales.

Mi sargento de pelotón y mi suboficial no estaban nada contentos con mi participación. No era explorador ni soldado de infantería. Mi trabajo en este despliegue era la logística, y la realizaba desde la "seguridad" del campamento, no patrullando. Al final, poco podían decir, ya que habían autorizado mi participación. Pasaron algunos meses antes de que volviera a patrullar.

La vida en el Campamento Demi, Bosnia, era bastante buena para un despliegue. El campamento estaba bien construido, con pequeñas habitaciones que parecían casas móviles en miniatura. Medían aproximadamente dos metros y medio por cuatro y medio, y estaban diseñadas para que dos soldados las compartieran como dormitorio.

Había una cafetería, un gimnasio, una peluquería atendida por gente local y una sala de entretenimiento para ver películas, leer e incluso asistir a clases en línea. El Campamento Demi también tenía una zona de duchas y baños separada de los dormitorios. No hay nada como ir al baño con todo el equipo de combate y el armamento encima. ¡Caramba!, no podíamos dar un paso al aire libre en el campamento sin estar completamente equipados.

Si recuerdo bien, el campamento tenía un total de ocho torres de vigilancia, que debían estar vigiladas las 24 horas del día, los 7 días de la semana. Cada torre contaba con una ametralladora automática calibre .50 y estaba tripulada por dos soldados a la vez, quienes también tenían sus propios fusiles M16. Además, había varios búnkeres repartidos por todo el campamento por si necesitábamos refugiarnos de morteros u otra artillería.

Nuestras zonas de trabajo estaban completamente separadas de las zonas comunes, y aunque nuestras oficinas también estaban construidas con las mismas estructuras prefabricadas, los talleres de mantenimiento no. Nuestros mecánicos tenían que trabajar en enormes estructuras tipo cochera, que no ofrecían mucha protección en caso de fuego exterior.

Lo aterrador del Campamento Demi era su ubicación. Estaba en el fondo de un valle, rodeado de montañas. Imagínense un campo de fútbol con el campamento dentro, y las montañas y los pueblos formando las gradas. Seríamos el blanco perfecto.

En la Nochebuena de 1998, lo fuimos.

En general, las torres de vigilancia siempre estaban ocupadas por todos los soldados del campamento. Hubo algunas ocasiones en que ciertos pelotones no pudieron prestar servicio en las torres debido a las operaciones, pero todos compartíamos la guardia: exploradores, infantería, mecánicos, auxiliares de logística, cocineros e incluso médicos.

La Nochebuena de 1998, me tocó hacer guardia en una de las torres. Hacía un frío glacial y todo el suelo estaba cubierto de nieve porque hacía solo unas noches habíamos pasado por una ventisca. Además de los soldados en las torres, también teníamos a cuatro soldados patrullando a pie a lo largo de la valla. Se turnaban con los soldados de las torres de vez en cuando para intentar mantenerse algo calientes durante el día y la noche.

Como soldados, hicimos lo que siempre hacemos durante las fiestas en un despliegue. Hablamos de todo lo que pasaba en casa y nos contamos cómo celebraban nuestras familias y qué haríamos nosotros en ese momento. Las fiestas son duras cuando estás lejos de tus seres queridos, así que nos adaptamos a lo que tenemos y recordamos tiempos pasados.

Pero esa Nochebuena nuestras conversaciones se vieron interrumpidas.

Pasada la medianoche —ya Navidad— mi compañero notó algo raro en mi pecho.

"¡Tinoco, bájate ahora mismo!" gritó mientras me agarraba del chaleco antibalas y me tiraba al suelo.

"¿Qué demonios haces? ¿Por qué hiciste eso?"

Mi compañero no tuvo tiempo de responder antes de que la radio de nuestra torre comenzara a transmitir. Todas nuestras torres tenían una radio de comunicaciones conectada directamente con la caseta del sargento de la guardia (SOG) en el centro del campamento. Intenté agarrar el receptor y me quedé paralizado.

Miré a mi compañero y me di cuenta de que él también me estaba mirando; toda la pared interior de nuestra torre estaba iluminada con pequeños puntos rojos. El SOG seguía llamando a la Torre Tres.

"Tenemos que contestar. El SOG puede tener noticias sobre esta mierda" le dije.

"Tinoco, nos están apuntando. ¿Te das cuenta?"

"Sí."

Rápidamente tomé el receptor: "Torre Tres, habla el especialista Tinoco."

"Especialista Tinoco, aquí el Sgto. Miller, SOG. ¿Están siendo apuntados?"

"Sí, sargento."

"Necesito que opere la ametralladora calibre .50 y que su compañero escanee con su rifle de asalto. ¿Me copia?"

"Sargento, nos están apuntando. ¿Podemos disparar hacia dónde vienen los puntos?"

"¡No!"

Repetí: "No."

"¡No! En ninguna circunstancia disparen. Todas nuestras torres están marcadas y no se dispara sin confirmación visual del enemigo. ¡Usted lo sabe, especialista!"

"Sargento, ¿cómo quiere que nos quedemos aquí parados?"

"¡Haga lo que se le ordena! Los exploradores ya fueron alertados y se están alistando para salir del perímetro. No abran fuego hasta recibir autorización. ¿Entendido?"

"Copiado."

Colgué y miré a mi compañero. "Ya oíste al tipo, tenemos que manejar el arma y no podemos disparar a nada hasta que nos den la orden".

"¡Es una locura!"

"Lo sé, Miles. Pero hay que hacerlo. Vamos." Subí a la .50 y ayudé a Miles a levantarse del suelo.

No podíamos dejar de mirar los puntos rojos que nos rodeaban la cabeza y el pecho. Cargamos y, aterrorizados, comenzamos a escudriñar la oscuridad fuera de la alambrada. Una vez más, ningún objetivo a la vista.

"Tinoco, no podemos morir así, viejo. ¡No en Navidad! ¿Qué les pasa a estos tipos?"

"Lo sé, Miles. No vamos a morir. No en Navidad. ¡Que se jodan estos cabrones!"

Los segundos y minutos fueron eternos. Estábamos aterrados. No había nada que ver más que una oscuridad total. Las torres tenían reflectores, pero ayudaban poco, y la nieve seguía cayendo mientras los puntos rojos continuaban moviéndose sobre nuestras cabezas, brazos, pechos y por todo el interior de la torre.

El SOG nos hablaba por radio para mantenernos calmados. Pero él también sonaba nervioso, al igual que nosotros.

Tras unos instantes escudriñando la oscuridad, el pánico empezó a apoderarse de nosotros. Nos parecía ver movimiento afuera, pero no lográbamos distinguir nada. Miles y yo nos movíamos bruscamente cada vez que creíamos ver algo. Estábamos muertos de miedo.

Pasaron cinco minutos, y nada.

Nos la pasábamos murmurando tonterías. Creo que empecé a rezar, y Miles me imitó poco después. La nieve seguía cayendo sobre nuestras caras mientras nos la limpiábamos rápidamente de los ojos, pensando que nos impediría ver la oscuridad que teníamos delante. Seguíamos sin ver nada.

Pasaron diez minutos; el pánico empezó a apoderarse de nosotros.

"¿Qué demonios está tardando tanto?"

"No lo sé, Miles, pero vamos a salir de esta. Sigue hablando."

"¡Torre Tres, Torre Tres!" Alguien nos llamaba desde abajo.

Miles se asomó: era uno de los patrulleros.

"¡Sí, aquí estamos!"

"Voy a subir. No quiero que me vayan a disparar con todo lo que está pasando."

"Está bien, pero subes bajo tu propio riesgo. ¡Estamos iluminados como árbol de Navidad!"

Subió, miró la pared y reconoció nuestra situación: "Santa madre…"

"¡Ayúdanos a escanear!"

Apoyó el rifle y se puso a escanear con nosotros. "¿Buscar qué? ¡No se ve ni mierda!"

El hecho de que este soldado hubiera llegado por las sombras y estructuras me dio una idea.

"Miles, pásame el receptor y llama al SOG."

"¿Qué? ¿Para qué demonios?"

"¡Hazlo, carajo! ¡Pásame el puto receptor!"

Me puse en contacto con el SOG y le pregunté si podía venir a la Torre Tres.

"¿Para qué demonios, Tinoco?"

"Sargento, tengo una idea que puede ayudarnos a lidiar mejor con esto."

Dudó, y estoy seguro de que tenía muy buenas razones. Realmente no podía ni debía abandonar su puesto de mando, especialmente en la situación en la que nos encontrábamos. El puesto de mando del SOG tenía comunicación directa con nuestros altos mandos y con los exploradores que ya estaban patrullando, intentando averiguar quién demonios nos estaba apuntando.

Pasaron dos minutos.

Tres minutos.

Entonces escuché una voz abajo: "Oye, Tinoco. ¿Qué carajos quieres?"

Era el SOG. Rápidamente le dije a Miles que manejara la ametralladora calibre .50 mientras yo bajaba. Lo hizo, pero se notaba que no le hacía mucha gracia.

Una vez abajo, le expliqué mi idea al SOG: usar a los dos patrulleros de tierra para relevar una torre; luego esos dos avanzarían a la siguiente y relevarían a los otros, y así en cadena.

"Así todos tendríamos unos minutos de respiro mientras avanzamos hacia la próxima torre."

"No lo sé, Tinoco."

"Sargento, mire, llevo hablando con usted al menos tres minutos y, de hecho, ¡he estado tranquilo y sin miedo por mi vida durante estos tres minutos! ¡Eso me tranquiliza mucho y me da esperanza de que al menos ahora mismo no soy el blanco!"

"¡Lo pensaré!"

"Suba a la torre un minuto. Va a entender."

Aceptó subir. Se quedó un minuto, nada más, antes de decir: "De acuerdo, Tinoco; vamos a probar, pero los relevos deben llegar a la siguiente torre en menos de cinco minutos."

"¡Entendido, sargento!"

Estoy seguro de que ese minuto le hizo pensar en la muerte y en todo lo que se iba a perder en la vida: su familia, sus planes y metas futuras… que se esfumarían esa noche si esos puntos láser se convertían en balas.

Bajó de inmediato y volvió a su puesto. Unos minutos después explicó "su idea" por radio: mandaría dos patrulleros a la Torre Uno para iniciar la cadena de relevos.

Saber que vendría el relevo —aunque fuera por minutos— nos devolvió algo de esperanza.

Cuando el plan finalmente se puso en marcha, todos sentimos un alivio inmediato al ver que llegaríamos a la siguiente torre mucho antes de lo esperado. Eso nos permitiría avanzar sin la tortura de esperar el siguiente relevo.

Toda esta odisea duró unos cuarenta y cinco minutos. Al final, los exploradores descubrieron que los serbios habían recorrido todas las aldeas que rodeaban el campamento y les habían dado a los niños pequeños láseres rojos de juguete.

Los serbios les habían ordenado a los niños que nos apuntaran con esos láseres la noche de Nochebuena, con la esperanza de provocar un incidente internacional en el que soldados estadounidenses dispararan y mataran a un grupo de niños inocentes.

Doy gracias a Dios todos los días de que los serbios no tuvieran éxito en su empeño. Los posibles titulares en las noticias son lo que menos me preocupa de este asunto.

La idea de matar a un grupo de niños inocentes con nuestras ametralladoras calibre .50 habría sido insoportable, y no estoy seguro de haber podido vivir conmigo mismo si eso hubiera ocurrido. Siempre estaré agradecido a los hombres con los que estuve esa noche y, una vez más, doy gracias a Dios por no permitir que ninguno de nosotros apretara esos gatillos.

Hubo un incidente unos dos meses después. Este incidente es una prueba clara e innegable del mal que existe en este mundo y que vive entre nosotros. Todos elegimos hacer ciertas cosas por una razón. Todos creemos en un ser superior o en una causa mayor que nos lleva a tomar ciertas acciones o seguir ciertos caminos en nuestras vidas.

Desafortunadamente, en nuestro mundo, las convicciones de algunos pueden, en última instancia, provocar la perdición de otros.

Aún hacía frío en Bosnia aquella tarde de febrero. Nos habían informado que los serbios planeaban otra provocación que podía terminar en incidente internacional si actuábamos fuera de las reglas de enfrentamiento.

No creía tener mucho de qué preocuparme, ya que no había vuelto a patrullar con ninguno de nuestros exploradores o infantería y no tenía programada ninguna patrulla en un tiempo. En mi mente, estaba a salvo dentro del Campamento Demi, cumpliendo con mi trabajo como logístico.

Pero en el ejército somos soldados, antes que nada.

Esa noche estaba sentado en la cafetería del campamento, cenando con otros soldados de mi pelotón, cuando nuestro sargento de pelotón se acercó y nos informó que algunos de nosotros podríamos salir del perímetro más tarde.

Lo único que sabía en ese momento era que parecía ser una misión de rescate. Dijo que sabríamos más en una hora, pero pidió voluntarios y sugirió que todos preparáramos nuestro equipo por si nos necesitaban.

Todos los que estábamos en la mesa dijimos de inmediato que nos ofreceríamos como voluntarios. No creo que ninguno de nosotros siquiera haya terminado su comida. Todos nos levantamos y fuimos a nuestras respectivas chozas para agarrar el resto de nuestro equipo y esperar instrucciones de nuestro sargento de pelotón.

Tomé algunos artículos más de mi choza y salí hacia la oficina del sargento de pelotón. Cuando llegué allí, el resto de los muchachos también comenzó a llegar poco a poco. Todos éramos parte del pelotón de mantenimiento, no soldados de armas de combate. Sin embargo, todos queríamos marcar la diferencia a nuestra manera, de alguna forma. Éramos soldados, y los muchachos que iban a salir más allá del alambre también eran nuestros hermanos.

Unos minutos después, llegaron nuestro sargento de pelotón y el oficial técnico, junto con el sargento de pelotón de los exploradores. Yo ya era algo cercano a ese hombre, ya que mi trabajo real era apoyar a su pelotón. Ya había salido de patrulla varias veces con ellos.

Dijo que solo cuatro de nosotros serían necesarios y luego señaló directamente hacia mí. "Tú serás uno de los cuatro, Tinoco".

Nos dijo a todos que nos reuniéramos con el resto de sus hombres en la choza de operaciones (OPS) en treinta minutos para una sesión informativa completa y se alejó. Nuestro propio sargento de pelotón y el jefe nos miraron a los cuatro que íbamos y nos dijeron que tuviéramos cuidado y siguiéramos todas las instrucciones de los exploradores. Veinte minutos después, los cuatro estábamos de pie dentro y en la parte de atrás de la choza de OPS.

La tarea parecía bastante simple. Se había recopilado información que indicaba que los serbios planeaban quemar o volar los tres hogares de refugio restantes para niños, ubicados a aproximadamente una hora de nuestro campamento.

Los tres hogares eran conocidos por refugiar a niños bosníacos y croatas cuyas familias habían sido asesinadas durante su guerra civil. Los serbios aún intentaban cumplir su propia limpieza étnica en el país.

No había información clara sobre el plazo que tenían los serbios para implementar sus planes diabólicos, pero nuestras instrucciones eran claras: llegar a los refugios designados, coordinar con los locales que los operaban y traer a todos de regreso al campamento. Después serían evacuados a un lugar seguro. Se utilizarían dos Humvees para cada uno de los tres refugios, junto con un camión de cinco toneladas que sería usado para evacuar a los niños y al personal.

Nada del otro mundo.

La pequeña unidad en la que me colocaron estaba a cargo de ir al pequeño pueblo de Cerska, Bosnia. Este pueblo era conocido por haber sido brutalmente devastado durante la guerra civil por los serbios. Ya se habían localizado varios sitios de fosas comunes dentro del pueblo, y su gente hacía lo poco que podía solo para recuperarse de las atrocidades que allí tuvieron lugar. Ahora, debido a que habían establecido un refugio para niños, corrían peligro de ser nuevamente objetivo de los serbios.

El sargento de estado mayor que iba con nosotros repetía una y otra vez que nuestros principales objetivos eran despejar y evacuar el refugio. También insistía en que debíamos estar preparados en caso de que hubiera serbios en el área y decidieran tomar represalias contra nosotros o contra los locales.

No creo que ninguno de nosotros quisiera que ocurriera nada más, ni queríamos involucrarnos en nada que no fuera el rescate. Pero, aun así, estábamos listos.

El pueblo de Cerska estaba solo a una hora al este del Campamento Demi. Los caminos eran difíciles y angostos para nuestros Humvees, lo que siempre hacía el viaje interesante. Uno de nuestros hummers (Humvees) tenía una ametralladora M2 calibre .50 montada en su torreta, y el otro estaba equipado con un lanzagranadas automático MK19. No íbamos a correr riesgos con una unidad tan pequeña. Nuestro camión de carga de cinco toneladas se mantuvo posicionado entre ambos Humvees durante todo el trayecto.

El sargento de estado mayor que dirigía nuestra pequeña unidad seguía anunciando el tiempo y la distancia hasta nuestra ubicación cada diez minutos. Cuarenta y cinco minutos después de iniciado el trayecto, anunció otra cosa.

"Muy bien, hombres, es hora de ponerse serios; estamos a quince *mikes* (minutos)."

Todos ya teníamos las armas aseguradas y cargadas antes de salir del perímetro de seguridad del Campamento Demi. Sin embargo, nada logra poner realmente la mente de un soldado en el posible peligro que lo rodea como cuando llega la orden de ponerse en modo misión. Cuando esto pasa, se activa un nuevo nivel de alerta y seriedad. Todo y todos se vuelven sospechosos.

"¡Entrando al pueblo de Cerska, hombres! ¡Estaremos en el refugio en menos de cinco *mikes*! ¡Manténganse alerta!"

Al llegar al refugio, un pensamiento cruzó por mi mente: ¿Cómo carajos podía esto ser un refugio para niños? Era un edificio destrozado por la guerra, con todas sus ventanas completamente destrozadas. Desde afuera, no parecía que alguien pudiera vivir allí.

El lugar estaba rodeado por un edificio viejo, parecido a un granero y con parte del techo derrumbado, junto a unas cuantas casas maltrechas. Posicionamos ambos Humvees en esquinas opuestas frente al refugio, y el camión de cinco toneladas se colocó a unos metros de la puerta principal. Otros dos soldados y yo desmontamos rápidamente de nuestro Hummer, mientras el conductor y el artillero permanecían a bordo. La vigilancia de seguridad era la prioridad y comenzó de inmediato, mientras nuestro sargento y el intérprete entraban en contacto con el encargado del refugio. Cinco soldados saltaron de la parte trasera del camión de cinco toneladas y también comenzaron a establecer la seguridad.

Tras unos tres minutos de conversación, nuestro sargento se colocó en el centro frente a nosotros y empezó a llamar a los dos equipos. El Equipo Uno proporcionaría seguridad alrededor del refugio y del vehículo de transporte. El Equipo Dos se encargaría de entrar al refugio y ayudar al encargado a subir a todos los niños y a su personal al camión de cinco toneladas. El sargento dirigiría todas las acciones desde afuera y se encargaría de comunicarse con la base con informes de progreso.

Yo era parte del Equipo Dos.

"¡Muy bien, hombres, hagamos esto lo más rápido y seguro posible! ¡Traten de no asustar demasiado a los niños!"

Cuatro de nosotros corrimos rápidamente hacia el refugio, junto con nuestro intérprete, y comenzamos a sacar primero a los niños más grandes. El mayor no debía tener más de trece años. Esos eran los fáciles. Todo lo que teníamos que hacer era guiarlos hacia afuera y hasta el camión de cinco toneladas. Todos íbamos moviendo de seis a siete niños a la vez.

Podíamos ver el miedo en sus ojos, la confusión y, lo peor, la tristeza. Ese edificio destrozado por la guerra había sido su hogar, y ahora los estábamos obligando a salir. No sé si les habían explicado las razones o si siquiera sabían que lo hacíamos por su propia seguridad. Los pobres niños agarraban rápidamente unas pocas cosas alrededor de sus camas y corrían hacia nosotros. Algunos agarraban peluches mugrosos, algunos rotos. Otros niños tomaban una cobija y una almohada que parecían ser, de alguna manera, sus redes de seguridad y de las que no podían separarse.

Probablemente ya habíamos sacado dos grupos de niños hacia el camión de cinco toneladas cuando comenzó el fuego de armas. Todo se desató de inmediato. El vidrio se hizo pedazos y las astillas de cemento empezaron a volar por todas partes mientras las balas rociaban el exterior y el interior del refugio. El ruido adentro era horrible. Los objetos pequeños explotaban a nuestro alrededor a causa de los disparos.

Entonces estalló alrededor de nosotros el sonido más horrible que jamás había escuchado. El llanto y los gritos simultáneos de los niños pequeños, niños y niñas gritando a todo pulmón. El ruido era ensordecedor. Ya no escuchaba los disparos. Todo lo que seguía oyendo eran esos gritos penetrantes. Intentaba abrirme paso entre esos gritos para escuchar a mis compañeros, que seguían moviéndose a mi alrededor en un intento por proteger a la mayor cantidad posible de niños.

Nuestros movimientos dentro del refugio eran rápidos y, de alguna manera, entumecidos, insensibles al caos que nos rodeaba en ese momento. Era como si a ninguno de los que estábamos adentro nos importaran nuestras propias vidas o bienestar. De alguna forma, todos habíamos tomado la decisión simultánea de que la vida de esos niños importaba más. Ellos eran la misión. Teníamos que confiar en nuestros propios compañeros afuera para que se encargaran de la amenaza que acababa de decidir alterar nuestros planes.

Para nuestra sorpresa estremecedora, también había un puñado de niños pequeños y bebés en el edificio. Rápidamente comenzamos a levantar a dos a la vez y a arrastrarnos a lo largo de las paredes, camas, mesas y cualquier otra cosa que pudiera servirnos de cobertura contra el fuego mientras nos abríamos paso hacia la salida.

Yo llevaba dos niños pequeños conmigo, debían tener unos tres o cuatro años, cuando llegué a la salida. Otros dos soldados ya estaban ahí, esperando el momento adecuado para correr hacia el camión de cinco toneladas. Los gritos y el llanto no dejaban de atravesar todo el ruido a nuestro alrededor. El soldado más cercano a la puerta echó un vistazo hacia afuera y gritó: "¡Saliendo corriendo con niños!"

Él llevaba un niño pequeño y un bebé en brazos. ¡Un bebé! ¿Acaso los serbios no sabían a qué le estaban disparando? ¿No les importaba?

Alguien afuera, creo que el sargento, gritó a nuestros compañeros que dieran fuego de cobertura. En cuanto se dio la orden, un estruendo ensordecedor estalló con las armas de nuestros soldados. Esto les dio a los dos soldados frente a mí la oportunidad de salir corriendo con los niños.

Debieron haber corrido a la velocidad de la luz, porque un momento después ya estaban de regreso dentro del refugio y agachados cerca de mí.

El especialista Miller había llegado hasta mí con otros dos niños pequeños. Mientras los primeros dos soldados se arrastraban de regreso hacia el centro del refugio para buscar más niños, yo grité que también saldríamos corriendo con niños. El trueno volvió a estallar y corrimos como demonios hacia el camión de cinco toneladas. Entregamos rápidamente a los niños al personal que ya estaba sobre el camión y nos lanzamos de vuelta al refugio.

Cuando Miller y yo regresamos adentro, el encargado y nuestro intérprete estaban cerca de la entrada.

El especialista Miller se agachó junto al intérprete y empezó a gritar:"¡Necesitamos que él nos muestre dónde están el resto de los niños!"

Tanto el intérprete como el encargado temblaban frenéticamente. El miedo se los estaba comiendo vivos.

El encargado estaba prácticamente acabado. El *shock* de todo el episodio lo estaba paralizando en el momento en que más lo necesitábamos. El especialista Miller se arrastró hacia él y le soltó una bofetada tremenda. El encargado solo se quedó mirándolo. Miller lo abofeteó de nuevo, más fuerte. Esta vez, el encargado despertó.

"¿Hay más niños adentro y cómo llegamos hasta ellos?"

El encargado empezó a levantarse, y de inmediato lo empujé de regreso al piso. Todavía estábamos recibiendo fuego desde lo que parecía ser todas las direcciones. Comencé a hacerle señas y a gritarle para que se moviera agachado, pegado al suelo. Pareció entender la idea, porque asintió con la cabeza, indicando que comprendía, y comenzó a arrastrarse hacia otras habitaciones dentro del refugio.

Debimos haber revisado cuatro cuartos que ya estaban vacíos. Cuando íbamos entrando al quinto y último cuarto, nos cruzamos con los otros dos soldados en el pasillo. Miller les informó que faltaba un cuarto por revisar, así que nos siguieron de cerca.

En la entrada de ese último cuarto había una anciana tirada en el piso, muerta. Dentro del cuarto había otras dos mujeres adultas, también muertas. Una de ellas estaba recostada sobre una cuna que se había volteado, probablemente por su propio peso al desplomarse después de ser alcanzada. A unos cinco pies de ella estaba la otra mujer.

Las tres habían muerto intentando salvar a los niños dentro de ese cuarto. Vi un total de unos siete niños muertos tirados cerca y alrededor de esas dos últimas mujeres. Todos estaban muertos.

Nos quedamos ahí, detenidos por un momento, asimilando lo que veíamos. Intentábamos convencernos de que lo que teníamos frente a nosotros simplemente no era posible. Niños, niños inocentes cuyo único crimen había sido nacer en una parte del mundo que no quería que vivieran. Toda la escena era surrealista.

Fue el encargado quien rompió nuestro estado de parálisis esta vez. Empezó a jalarme del hombro y a señalar hacia afuera. Salí de mi trance y reconocí lo que me estaba diciendo.

Comencé a gritarle a Miller y a los demás: "¡Miller! ¡Miller! ¡Tenemos que largarnos de aquí, hermano! ¡Ya no hay nada más que podamos hacer aquí! ¡Están muertos, están todos muertos!"

Pero Miller no reaccionaba.

Seguí repitiendo lo mismo. Tuve que maniobrar entre todos los cuerpos, uno a la vez, y revisar si alguno había sobrevivido a esa escena horrible. Necesitaba que los muchachos pudieran reconocer y aceptar que ya no podíamos hacer nada por las mujeres y los niños dentro de ese cuarto.

Hasta hoy, no sé cómo fui capaz de anestesiarme para revisar a esos niños sin desmoronarme. Lo único que se me ocurre es que mi instinto de supervivencia se había apoderado de mí. En ese momento, lo único que importaba era sacar a todos del edificio y llegar a una posición donde realmente pudiéramos devolver el fuego.

Finalmente, uno de los otros muchachos volvió en sí y me ayudó con el resto. Empezamos a empujar a todos hacia el pasillo nuevamente para poder abrirnos camino hacia la salida. El lugar seguía explotando a nuestro alrededor.

Cuando ya nos acercábamos a la salida, todos escuchamos un grito fuerte y de inmediato volvimos la mirada hacia él.

El encargado había recibido un disparo y ahora estaba tirado en posición fetal, agarrándose el hombro. Miller y yo nos acercamos rápidamente a él y le preguntamos dónde más le habían dado. Afortunadamente, solo había sido en el hombro. Lo agarramos y lo llevamos cerca de la puerta.

Miller les indicó a los otros dos exploradores que nos dieran fuego de cobertura mientras llevábamos al encargado al camión de cinco toneladas. Uno de los exploradores, el que estaba más cerca de la salida, se asomó para calcular dónde estaban nuestros muchachos y de dónde venía el fuego.

Su reacción fue inesperada en medio de todo el caos. Se pegó de nuevo a la pared y solo nos miró. Empezó a mover los labios, pero no pudimos entender lo que decía. La verdad es que no creo que hubiera salido ni un solo sonido de su boca.

Solté al encargado un momento y agarré al explorador del chaleco antibalas. "¿Qué pasa? ¿Qué demonios viste?"

No salía nada; solo me miraba. Sus ojos se veían confundidos, asustados, impactados, y aun así tenía una expresión de preocupación extrema que yo no entendía.

"¡Hermano, sacúdete eso; tenemos que salir de aquí y enlazarnos con el resto de nuestros muchachos!"

Lo sacudí algunas veces más y por fin logré hacerlo reaccionar.

"Son niños, hermano, son malditos niños."

Lo escuché, pero no comprendí del todo lo que estaba diciendo. Supuse que todavía estaba teniendo dificultades para aceptar el hecho de que esos tipos estaban afuera tratando de matar a todos esos niños y que ya habían tenido éxito con algunos.

Tomé su arma y se la empujé contra el pecho. "Prepárate, vamos a salir corriendo juntos."

Miré a Miller y al resto de los muchachos. De alguna manera entendieron que estábamos a punto de salir corriendo de ahí. Miller intervino de inmediato: "Tengan cuidado con lo que disparan cuando salgamos, no queremos darle a los nuestros."

Se acercó a mí y gritó hacia afuera: "¡Vamos a salir, fuego de cobertura!"

Sonó como si el mundo entero se viniera abajo con todo el fuego que tronaba por todas partes. Miller y yo agarramos al encargado, y todos salimos corriendo hacia el camión de cinco toneladas, disparando mientras avanzábamos.

Rápidamente subimos al intérprete y al encargado al camión, cerramos la compuerta trasera y empezamos a tomar posición con el resto de nuestros muchachos.

Vi a Miller dirigirse hacia el sargento de estado mayor. Un momento después, él ya estaba revisando que pudiera contar a todos. Cuando estuvo satisfecho con su conteo, empezó a hacer señales y a gritar para que todos subiéramos a los vehículos y nos moviéramos. Él iría al frente.

El MK19 descargó una lluvia de granadas en todo nuestro alrededor para cubrirnos mientras todos volvíamos a montar en nuestros vehículos. El humo, los escombros y el polvo que se elevaban hasta el cielo se convirtieron en nuestra cobertura inmediata. Mientras tanto, subíamos y comenzábamos a hacer nuestro propio conteo dentro de los vehículos.

El sargento de estado mayor preguntó por radio: "¿Todos están arriba?"

Miller respondió desde mi Humvee, y luego respondió también el pasajero del camión de cinco toneladas. Todos estábamos arriba.

"Está bien, ¡vámonos, vámonos, vámonos!"

El fuego continuó mientras salíamos de ahí a toda velocidad. El sonido de las balas golpeando nuestros vehículos blindados se convirtió en nuestra medida para calcular que habíamos despejado la zona unos momentos después.

Mientras más nos alejábamos, menos impactos escuchábamos contra los vehículos. Podíamos oír al sargento de estado mayor comunicándose con la base para informarles que íbamos en camino, pero que habíamos recibido fuego intenso en el lugar.

Algún idiota en la base nos aconsejó ser cautelosos el resto del camino, ya que no se sabía si encontraríamos más resistencia en la ruta.

Nuestro artillero gritó de inmediato: "¡No hacía falta que lo dijeras!"

Afortunadamente, él no era quien sostenía el micrófono de la radio.

No creo que ninguno de nosotros haya dicho una sola palabra en todo el camino de regreso al Campamento Demi. Tampoco creo que ninguno de nosotros se haya sentido relajado o seguro hasta estar de vuelta dentro del alambre.

Sé que, en cuanto entramos al campamento, solté un enorme suspiro de alivio y me bajé del Humvee tan pronto como nos detuvimos.

Todos hicieron lo mismo. Comenzamos a revisarnos entre nosotros en busca de señales de sangre y a preguntarnos si estábamos bien. La adrenalina apenas comenzaba a bajar y el agotamiento vendría poco después.

Las otras unidades ya habían estado dentro del alambre por un buen rato. Al parecer, la unidad con la que yo iba había sido la única que encontró resistencia.

Los días y noches siguientes fueron problemáticos. Durante el día, mantenía mi mente ocupada con trabajo y buscaba cualquier cosa extra por hacer que me ayudara a mantenerme ocupado.

No podía dormir bien por las noches, porque seguía pensando en los pobres niños muertos y en la razón grotescamente estúpida por la que habían sido asesinados: la religión. ¿Cómo podía alguien terminar con la vida de un niño inocente simplemente por una diferencia en creencias religiosas?

Lo que empeoraba las cosas era que varios de los soldados de mi equipo, los que estuvieron involucrados en el rescate, se me acercaban para contarme sus pensamientos, pesadillas y dificultades. Yo me quedaba callado y los escuchaba mientras volvían a repasar todo lo que habían visto aquella noche. Les permitía expresar sus temores mientras, al mismo tiempo, yo reprimía mis propias tristezas.

Sentía que tenía que mantenerme fuerte por ellos. De alguna manera habían encontrado fácil confiar en mí y creer que yo los guiaría a través de sus propios tormentos. Me sentía obligado a hacerlo. No podía permitir que vieran que yo estaba pasando por los mismos problemas.

Tenía que demostrar que era más fuerte, que podía escuchar sus problemas y que podía transmitirles algunas palabras que, con suerte, los ayudaran a sobrellevar los días y noches que siguieron.

Solía pensar que la necesidad o el deseo de estar ahí para los otros soldados era más fuerte que mis propias preocupaciones, pensamientos y malos sueños. Solía pensar que, al ser fuerte y estar ahí para ellos, mis propios problemas desaparecerían de alguna manera y me permitirían seguir siendo el mismo soldado normal y en control que siempre había sido.

Hombre, qué equivocado estaba.

Una vez más estaba saliendo de patrulla con algunos de infantería cuando no se suponía que lo hiciera. Es decir, había conseguido la aprobación a través de mi cadena de mando, pero en realidad no tenía por qué estar yendo a todas esas patrullas. Incluso había recibido una orden directa de nuestro personal médico local de no hacer nada loco otra vez.

Esto se debía a que una mina terrestre había hecho estallar a un soldado británico a unos diez metros de mí, y la fuerza de la explosión me había lanzado contra un vehículo médico M113A3. El impacto fue bastante fuerte. Me lastimé el cuello, la espalda, las rodillas y la nariz.

Acabábamos de llegar al lugar para relevar a los soldados británicos en la tarea de despejar un campo minado que se había descubierto ese mismo día. Recuerdo que bromeábamos sobre la tarea en el camino al sitio porque, en aquel entonces, uno realmente buscaba las minas clavando una varilla de metal en el suelo.

Por loco que suene, aún más loco fue tener que salir a ayudar a despejar ese campo minado después de la explosión. Nos obligaron, literalmente, a "sacudirlo" y salir a buscar minas después de ver a otro soldado volar en pedazos en ese mismo campo.

Esta última patrulla con los *grunts*, los infantes de nuestra unidad, nos llevó hacia una fosa común que se había descubierto en las afueras de Cerska, el mismo pueblito donde habíamos rescatado a los niños. Nos dijeron desde el mando superior que nuestro papel en el lugar sería brindar seguridad para los soldados de la OTAN, su personal médico y la población local que estaría allí.

Nunca había sido parte de una tarea así y realmente no sabía en qué me estaba metiendo.

Resultó que ninguno de nosotros lo sabía.

Al llegar al lugar, recuerdo haber caminado con el sargento a cargo de nosotros para enlazarnos con un oficial de la OTAN. El olor del lugar era abrumador.

Envolver trapos alrededor de nuestras narices y bocas no ayudó en nada. El olor a muerte en descomposición era tan penetrante que no había forma de esquivarlo. Me tomó unos tres minutos antes de empezar a vomitar la comida que tenía en el estómago. Una vez que yo comencé, otros soldados me siguieron y comenzaron a vaciar el estómago alrededor de nuestros vehículos.

La fosa común era un enorme cráter en el suelo. Al mirar dentro y alrededor, me impactó no solo el olor, sino también la forma en que todos los cadáveres estaban simplemente amontonados.

El oficial de la OTAN y nuestro sargento se habían alejado unos pasos de mí, pero aún podía escuchar lo que se decía. Nuestro papel inicial era brindar seguridad mientras los soldados de la OTAN y el personal médico sacaban los cuerpos del cráter y los alineaban para que la población local se acercara a tratar de identificarlos.

Podía ver que ya habían alineado un montón de cuerpos lejos del cráter, y los locales caminaban sobre ellos de forma inquietante en busca de sus seres queridos.

Digo inquietante porque parecía que ya estaban acostumbrados a este tipo de cosas. Era como si solo estuvieran cumpliendo con otra tarea diaria que se tenía que hacer.

Había algunas personas llorando en voz alta cuando encontraban a sus familiares, pero en su mayoría todos caminaban alrededor, mirando los cuerpos en un estado de adormecimiento. No podía entender cómo todo esto era de alguna manera "normal" para ellos.

Pues resultó que nuestros papeles habían cambiado. Los soldados de la OTAN se estaban retirando del área, y ahora nos tocaba a nosotros sacar los cadáveres del cráter y alinearlos para que los locales los identificaran.

"¿Quién va a brindarnos seguridad, Sargento?"

"¡Nadie! ¡Nosotros mismos!"

"¿Nosotros?"

"Sí, la mitad de nosotros sacará los cuerpos mientras la otra mitad hace operaciones de seguridad."

Ninguno de nosotros podía creer lo que estábamos escuchando, pero teníamos que hacer lo que se nos ordenaba. Refunfuñando y maldiciendo, nos reunimos mientras el sargento nombraba a la mitad del grupo para sacar restos y a la otra mitad para brindar seguridad.

Yo no era infante ni miembro de su pelotón, así que, por supuesto, me tocó encargarme de los cuerpos. Recuerdo que el sargento me dijo que estaría a cargo de mi grupo. Creo que trataba de compensar el hecho de que me había asignado esa tarea de mierda. En cualquier caso, estar a cargo solo empeoró las cosas para mí.

Para esta asignación en particular, me dieron siete soldados, formando un equipo de ocho. El número par de soldados era necesario para la recolección de cuerpos.

La mayoría de nosotros volvimos a tener arcadas y a vomitar antes de empezar a bajar al cráter. Incluso intentamos buscar hojas o pasto con olor fuerte para colocarlos cerca de nuestras fosas nasales y cubrir el hedor, pero parecía que el olor a muerte se había impregnado en todo lo que nos rodeaba.

Lo único que podíamos hacer era esperar el momento en que nos acostumbráramos al olor pútrido. No creo que ese momento haya llegado, pero la tarea de sacar restos del hoyo en el suelo ciertamente nos hizo olvidar el olor.

Al estar a cargo, sentí necesario ser uno de los primeros en agarrar un cuerpo y sacarlo. Hice señas a uno de los otros soldados y le pedí que se uniera a mí. Recuerdo haberle ofrecido la opción de sujetar las piernas o el torso; el tipo eligió las piernas, por supuesto.

El suelo estaba húmedo y lodoso, lo que solo hacía las cosas aún más difíciles. Nos acercamos al cuerpo más cercano y tomamos posición en extremos opuestos. Me agaché e intenté de alguna forma enganchar mis manos por debajo de los brazos del fallecido, mientras mi compañero agarraba las piernas.

Lo miré y dije: "A la de tres."

"Uno, dos, ¡tres!", y ambos levantamos el cuerpo hacia nuestras cinturas. Lo que sucedió después fue insoportable e inolvidable.

De mi lado, la cabeza se desprendió o ya estaba desprendida; en cualquier caso, se quedó en el suelo mientras yo levantaba. Del lado de mi compañero, él levantó las piernas y estas se soltaron del resto del cuerpo.

Al mismo tiempo miramos los restos y luego nos miramos el uno al otro con incredulidad. Un segundo después, los dos estábamos vomitando otra vez junto al cuerpo.

Después de unos momentos de vomitar lo poco que quedaba dentro de nosotros, volví a mirar a mi compañero y le dije que tendríamos que sacar el cuerpo por partes.

"¿Hablas en serio?"

"Amigo, ¿de qué otra forma vamos a hacer esto? Si todos los muertos se deshacen como este, tendremos que sacarlos de aquí en pedazos. Apesta, lo sé, pero tenemos que hacerlo."

"Pues qué maravilla."

Esperé a que se recompusiera antes de avanzar de nuevo hacia el cuerpo. Recuerdo haber mirado a mi compañero y luego obligarme a agarrar lo que pude del torso y cargarlo hacia fuera del cráter.

Después de colocar el torso en el suelo, en línea con el resto, regresé al cráter y vi que mi compañero ya venía saliendo con las piernas y la cabeza. Tuve que ayudarlo porque, con tanto lodo en el suelo, no íbamos a avanzar rápido.

Miré alrededor del cráter y busqué un camino más fácil hacia arriba, pero todo era igual.

"Está bien, muchachos, parece que vamos a tener que jugar al juego de la cadena con esto. Vamos a colocarnos en fila y nos pasaremos los cuerpos unos a otros, hacia arriba y fuera del cráter."

Después de ver por lo que habíamos pasado mi compañero y yo, todos estuvieron de acuerdo rápidamente en que era la mejor opción. Nos alineamos en parejas por si algunos cadáveres se mantenían intactos, y comenzamos el proceso espantoso de sacar la mayor cantidad posible de cuerpos del cráter.

Apenas llevábamos unos cuantos cuando dos de los soldados empezaron a perder el control. Todos los restos que habíamos agarrado hasta ese punto se nos habían deshecho en las manos. Eso hacía todo el episodio mucho más insoportable.

Al ver lo que nos estaba haciendo mentalmente, decidí decirles a los muchachos que se tomaran un descanso, que salieran y apartaran la vista del cráter.

Desafortunadamente, los sollozos y el llanto de algunas familias que ya habían identificado los cuerpos alineados se sumaban a nuestra propia angustia.

Llevábamos unos tres minutos fuera del cráter cuando el sargento se nos acercó y nos preguntó qué diablos estaba pasando. ¿Por qué nos habíamos detenido?

Le expliqué cómo los cuerpos estaban en tan mal estado que se deshacían mientras tratábamos de sacarlos de la fosa común. Le dije que solo necesitábamos unos minutos lejos de todo para recuperar la compostura y que luego seguiríamos.

Era claro que al sargento no le importaba ni quería escuchar nuestras "excusas" por tomarnos un descanso.

"No me importa lo que tengan que hacer o lo que se tengan que decir entre ustedes, pero estos cuerpos saldrán de este hoyo hoy. Entre más pronto dejen de quejarse por esto, más pronto terminarán y podremos largarnos de aquí."

No podía creer lo que este hombre me estaba diciendo. Ni siquiera teníamos personal médico que nos ayudara con los restos de ninguna manera.

Todos estábamos batallando con las extremidades y los torsos para sacarlos del agujero en el que estaban, y el resto de los muchachos tenía un tiempo aún más difícil asegurando que los cuerpos quedaran armados correctamente.

No podíamos apresurar el proceso por miedo a mezclar extremidades, torsos y cabezas. Todo aquello era repugnante, frustrante, enfurecedor y mentalmente agotador.

Conforme pasaban las horas, algunos de los muchachos seguían quejándose de todo el proceso. El hecho de hablar entre nosotros para tratar de sobreponernos al mal rato solo llevaba a que discutiéramos.

Las peleas verbales se iban poniendo peor minuto a minuto. El que de vez en cuando nos detuviéramos para mantener nuestra cordura tampoco ayudaba mucho.

En nuestro último descanso, la mitad de los muchachos dijeron que no podían continuar. Tuve que ir con el sargento y preguntarle si podía relevarnos con los que estaban haciendo seguridad.

"No voy a exponer a más de mis soldados a esto. Esta tarea es de ustedes y solo de ustedes. Haz que suceda, Tinoco."

Quise romperle la cara. ¿Cómo no podía ver cómo esto nos estaba afectando a todos? Necesitábamos relevo y no lo íbamos a recibir de nadie.

Cuando regresé con mis muchachos, después de haber trabajado juntos en esa tarea infernal —claro que eran mis muchachos—, supongo que vieron la decepción en mi cara, porque se enfadaron aún más cuando por fin llegué a donde estaban.

"El sargento no nos va a cambiar, ¿verdad?"

"No, no lo va a hacer. Dice que esto es solo nuestro y que no quiere exponer a ningún otro soldado a esto."

"Entonces está bien que a nosotros se nos destroce la cabeza con esto, pero a los demás no, ¿o qué?"

"Mira, hermano, es entendible. Solo piénsalo. Ya hemos estado haciendo esta tarea todo el día. ¿De verdad quieres desearle esto a alguien más?"

Silencio.

"Tenemos que terminar. Los soldados de la OTAN nos dejaron con su trabajo y ni siquiera tuvieron la decencia de ayudarnos con algo de personal médico para volver a armar los cuerpos."

"Eso no está bien, Tinoco."

"No, no lo está, pero la única opción que tenemos es terminar este trabajo y largarnos de aquí. Así que vamos a darle."

Supongo que la gente local alrededor se había dado cuenta de que estábamos discutiendo, y un viejo se nos acercó con una bolsa negra grande en la mano. La bolsa era de un plástico grueso.

Al principio me quedé intrigado, pero pronto entendí qué era cuando el viejo empezó a señalar los cuerpos dentro del cráter y luego los cuerpos ya alineados afuera.

Eran bolsas para cadáveres. Le tomé la bolsa y empecé a hacer gestos pidiéndole más, señalando la bolsa y luego contando con los dedos, esperando que entendiera que necesitábamos más bolsas.

El viejo sonrió de inmediato y se fue hacia un saco enorme tirado en el suelo, a la cabecera de los cuerpos alineados. Con todos los cuerpos muertos alrededor y la tarea espantosa de sacarlos del cráter, yo ni siquiera había notado ese saco antes.

El viejo sacó varias bolsas y las levantó para mostrarme que teníamos un montón.

Fui hacia él, le di las gracias dándole unas palmadas en la espalda y estrechando su mano, agarré el saco completo de bolsas y lo llevé de regreso al cráter.

Saqué algunas y comencé a instruir a los muchachos: pondríamos los restos dentro de las bolsas para que fuera más fácil sacarlos del cráter.

La mitad de los muchachos ya estaban listos para empezar a trabajar otra vez, mientras que la otra mitad seguía dudando y quejándose de la tarea.

Repetí lo mismo y vi que no avanzaba con los que se quejaban.

Perdí el control.

"Miren, no quiero escuchar más quejas. Todos estamos metidos en esto juntos y no tenemos otra opción que terminar. Así que regresen al cráter y empiecen a meter los cuerpos en las bolsas. Sus quejas no están haciendo esto más fácil y solo están alargando este infierno más de lo necesario."

No creo que los muchachos esperaran que estallara así. Se quedaron ahí por un momento, tal vez tratando de averiguar si yo estaba lo suficientemente serio como para obligarlos a hacer lo que había que hacer o no.

Me paré directamente frente a dos de ellos y me aseguré de que se dieran cuenta de que hablaba en serio.

"Pueden hacerlo por su cuenta o puedo aventarlos al hoyo. Es su elección. De cualquier forma, van a estar dentro de este cráter sacando cuerpos con el resto de nosotros."

Los muchachos soltaron un último suspiro de frustración antes de tomar las bolsas y volver al cráter.

Ninguno de nosotros dijo nada durante las siguientes dos horas, más o menos. Solo seguimos agarrando cuerpo tras cuerpo, metiéndolos en bolsas y sacándolos del cráter.

Todos estábamos hirviendo por dentro en silencio, y se podía sentir. Solo seguimos empujando a través de la locura de todo aquello hasta que cada último cuerpo estuvo fuera de la fosa común.

Mientras más nos acercábamos al fondo del cráter, peor estaban los cuerpos en descomposición. Sin embargo, ya ninguno de nosotros vomitaba.

Creo que, de alguna forma, todos encontramos la manera de adormecer nuestros propios pensamientos y emociones sobre todo el episodio, y por fin llegamos al punto en que el hedor mortal ya no nos afectaba.

Para ser honesto, tampoco creo que siguiera oyendo el llanto de los locales. De alguna forma también los había bloqueado.

Al sacar la última bolsa llena de extremidades y huesos, todos subimos fuera del cráter y simplemente nos alejamos caminando.

No nos miramos entre nosotros, no dijimos una palabra; simplemente caminamos hacia nuestros vehículos, y no creo que ninguno de nosotros se haya molestado en mirar atrás hacia las bolsas alineadas o el cráter.

Me tomó unos momentos recuperar mis pensamientos y finalmente caminar hacia el sargento a cargo de nosotros.

Cuando llegué a él, no recuerdo haber dicho nada. Solo me quedé ahí mirándolo. Y, por nada del mundo, puedo recordar si me dijo algo.

Lo siguiente que supe fue que estaba en la radio informando a nuestro cuartel general que la tarea había sido completada y preguntando si podíamos regresar a la base.

Nadie de los que iban conmigo habló en todo el camino. Probablemente fue el viaje más silencioso en el que he estado.

Creo que me perdí en ese camino de regreso a la base, porque no recuerdo haber pensado en nada ni haber mirado nada durante todo el trayecto.

Era como si ni siquiera estuviera dentro del Humvee, y no podría decir exactamente dónde estaba mentalmente. Ese viaje de regreso se ha perdido para mí desde entonces.

Las secuelas de esa tarea fueron igual que las de la misión de rescate.

Los muchachos con los que había trabajado ese día espantoso seguían viniendo a mí en busca de orientación o simplemente para sacar sus pensamientos y tener a alguien que los escuchara.

No sé por qué, pero seguí intentando ser el fuerte para ellos. Nunca compartí mis propios pensamientos, sentimientos o problemas.

En mi mente, ellos ya estaban luchando con los suyos, así que ¿para qué cargarles los míos?

Además, sabía que volvería a necesitar a esos muchachos en alguna otra patrulla o misión, y necesitaba que creyeran que yo estaría ahí para ellos si surgía la necesidad.

Ellos necesitaban saber que podían depender de mí, y yo necesitaba saber que me seguirían.

Para empeorar las cosas, no sentía que pudiera ir a hablar con mi propio sargento de pelotón o con el jefe sobre lo que estaba experimentando.

Así que hice lo que mejor sabía hacer y me saturé de trabajo y ejercicio. El gimnasio de la base estaba abierto 24/7, y yo estaba ahí cada vez que no estaba trabajando o escuchando los problemas de los otros soldados.

Tenía problemas emocionales y no sabía cómo contenerlos o lidiar con ellos. Por eso solo trabajaba y hacía ejercicio hasta colapsar de agotamiento.

Sentía que lo necesitaba para poder dormir, porque eso también se había convertido en un problema.

Me quedaba acostado toda la noche, perdido en mis propios pensamientos y miedos.

Nuestro despliegue finalmente estaba llegando a su fin, y yo tenía miedo de enfrentar a mi hijo por primera vez.

Había estado ausente la mayor parte de su primer año de vida, y me daba miedo ya no ser la misma persona.

Tenía miedo de no poder sentir nada, después de haber pasado los últimos meses luchando por suprimir cualquier emoción que surgiera.

Debí haber visto entonces cómo el hecho de escuchar a los otros soldados los había ayudado. Debí haber visto y reconocido cómo permitir que los soldados expresaran sus problemas conmigo de alguna forma les facilitaba sobrellevar lo que les pasaba.

Pero no lo hice; no pude.

Estaba tan consumido por mis propios pensamientos y temores que no podía ver las cosas tan claramente como debería.

Salir de Bosnia y Herzegovina fue confuso para mí. Quería dejar el lugar y alejarme lo más posible de todo lo que me recordara las cosas que había hecho y visto allí. Quería volver a alguna forma de normalidad, pero no creía estar listo para ir a casa.

Quería llegar a casa, pero también me daba miedo hacerlo. La confusión era intensa.

Durante cualquier despliegue, los soldados son testigos de cómo otros compañeros luchan con lo que sucede en casa.

Algunos pierden seres queridos por separación o divorcio. Otros sufren la muerte de un familiar o un amigo querido. Ver cómo los demás pasan por esas pruebas y tribulaciones durante un despliegue solo se suma a la propia pena.

Haces lo que puedes para estar ahí por tus hermanos, y ellos, a su vez, hacen lo mismo por ti.

Lo que convierte estos eventos en un infierno viviente es que estamos al otro lado del mundo, sin poder hacer nada al respecto.

La lucha por lidiar con las cosas o aceptarlas solo empeora porque tenemos que dejar esos pensamientos y sentimientos a un lado para seguir haciendo nuestro trabajo. No podemos permitir que los problemas familiares o de relación afecten nuestro desempeño. De lo contrario, pondríamos en riesgo la vida de nuestros hermanos.

Así que sí, subir a ese avión para regresar a casa hace que todos esos asuntos personales salgan a flote.

Pensar que vuelas de regreso a un hogar destrozado puede ser una experiencia debilitante.

Casi todos a tu alrededor están emocionados y felices de volver a casa, mientras que tú ni siquiera sabes a qué estás regresando.

Desafortunadamente, eso era exactamente lo que yo estaba viviendo. Sabía que volvía con una esposa distanciada y un hijo al que aún no había conocido.

Sabía que regresaba para enfrentar otro desafío. No iba a casa a relajarme y disfrutar de todas las cosas que tanto había extrañado.

Yo iba en el último vuelo de regreso a Estados Unidos. Todos los otros soldados de mi sección ya habían llegado. Recuerdo los nervios de todo el vuelo.

No queríamos que ocurriera ningún accidente, ninguna falla.

Cuando el piloto anunció que iniciaríamos el descenso hacia el aeropuerto de West Fort Hood, una oleada de emociones recorrió el avión.

De inmediato, el avión se llenó de silbidos, gritos y soldados celebrando por haber regresado sanos y salvos. Fue un momento increíble.

Unos veinte minutos después, otro rugido ensordecedor se produjo cuando sentimos las llantas del avión tocar la pista.

Sentí que la piel se me erizaba por la emoción nerviosa y que todo mi ser se hinchaba con la oleada de emociones abrumadoras que me atravesaron en ese momento.

¡Estábamos en casa!

Nuestras emociones siguieron intensificándose cuando el piloto volvió a tomar el intercomunicador para agradecer nuestro servicio y ser el primero en decir:"¡Bienvenidos a casa!"

Bajar del avión fue bastante surrealista. La banda del Primer Regimiento de Caballería estaba afuera tocando mientras subíamos a los autobuses que nos llevarían a nuestras unidades respectivas.

Íbamos rumbo al gimnasio Iron Horse, que estaba cruzando la calle de nuestro cuartel de batallón y los barracones.

Cantamos cadencias todo el camino al gimnasio. Nuestros autobuses deben haber despertado a todo Fort Hood con el ruido que hacíamos.

Ver todos los edificios y puntos de referencia conocidos de la base realmente era un espectáculo para ojos cansados.

No creo que hubiera un solo ojo seco en mi autobús, y probablemente era igual en todos los demás esa noche.

Afuera, en el estacionamiento del gimnasio, había algunos sargentos esperando a que nuestros autobuses se detuvieran para instruirnos que formáramos una formación. Querían llevarnos marchando hacia dentro del gimnasio.

Fue algo extraño, porque, aparte de las órdenes que nos gritaban, no escuchábamos nada más.

Estaba en silencio, demasiado silencio.

Una vez que estuvimos formados, los suboficiales comenzaron a marcharnos hacia las puertas dobles del gimnasio, donde varios soldados estaban esperando.

En cuanto se abrieron las puertas y los primeros soldados de nuestra formación entraron al gimnasio, la canción "Proud to Be an American", de Lee Greenwood, estalló a través de las bocinas que habían colocado dentro.

La gente en el gimnasio comenzó a aplaudir y a gritar a nuestra formación mientras marchábamos hacia adentro.

No sé sobre los demás soldados, pero mis emociones eran tan abrumadoras que estaba tragando saliva tratando de contenerlas.

Vi a muchas de las personas dentro cantar la canción mientras sonaba, y ellos también tenían los ojos llenos de lágrimas, abrumados por sus propios sentimientos.

Cuando la canción terminó, nuestro himno nacional comenzó a sonar.

El gimnasio enmudeció mientras todos escuchábamos la música y las palabras de nuestro himno. Las personas en las gradas frente a nosotros colocaban sus manos sobre sus pechos y sobre sus corazones.

Yo sollozaba, ahogado en mis pensamientos y sentimientos mientras escuchaba y recordaba aquella fría Nochebuena.

Recordé cómo los otros soldados y yo realmente creímos que no íbamos a regresar a casa.

Pensé en la mina terrestre que había explotado cerca de mí y se había llevado la vida de un soldado de la OTAN. No pude contener mis lágrimas cuando los pensamientos de los niños que habíamos salvado se apoderaron de mí y me sacudieron hasta la médula.

Recuerdo haber tratado de contenerme, pero el himno nacional se había apoderado de mí. Había dominado por completo mi ser y yo no podía hacer nada al respecto.

Le di gracias a Dios, pero también le pedí perdón.

Perdón por no haber podido salvar a todos los niños aquella noche.

Perdón por tener que devolver el fuego y quitarles la vida a otros que habían sido condicionados a odiarnos sin otra razón más que no compartir la misma fe.

Le rogué a Dios perdón por maldecirlo tantas veces en mis noches de insomnio, mientras preguntaba y preguntaba por respuestas y sentía que no recibía ninguna.

Por último, lloré más al agradecerle por permitirme regresar a casa y poder ver a mi hijo.

Todos esos pensamientos y sentimientos de desesperación, pena, enojo, alegría y alivio pasaron por mí a la vez, paralizándome mientras permanecía ahí en posición de firmes.

Cuando el himno terminó, nuestro comandante de batallón comenzó a hablar.

Yo empecé a escanear a toda la gente en el gimnasio buscando a mi propia familia. No recuerdo ni una palabra de lo que dijo.

Estaba demasiado ocupado buscando a mi familia y sintiéndome desanimado con cada segundo que pasaba sin poder encontrarlos.

¿Se habrían cumplido mis temores de regresar a un hogar quebrado?

El comandante continuó con su discurso, y yo seguí buscando mientras el desánimo comenzaba a hundirse.

Sí recuerdo haber visto al comandante darse la vuelta hacia las familias y decirles que podían bajar y recibir a sus soldados.

En ese momento nos liberó a todos y solo pidió que entregáramos nuestras armas después de ver a nuestras familias.

Aparentemente, en algún punto de su discurso nos había dado un fin de semana de cuatro días, y yo ni siquiera lo había escuchado.

Nuestra formación se disolvió y todos se dispersaron en busca de sus familias.

Yo seguí ahí quieto, escaneando. Debí haber escaneado por unos diez minutos más, y luego finalmente me rendí.

No había visto a mi familia y comencé a caminar hacia la salida.

Mi frustración solo crecía mientras escuchaba los sollozos alegres entre los demás soldados y sus familias. Ver todos los abrazos y besos entre ellos ya estaba siendo demasiado para mí mientras seguía avanzando hacia la salida.

Cuando llegué a la puerta, me detuve y me obligué a mirar a través de la multitud una última vez.

¡Mi hijo!

Corrí hacia mi familia, y mi hijo Mark, de alguna manera, simplemente me reconoció. Todavía estaba a unos pasos de ellos y él ya me extendía los brazos.

Me detuve cuando llegué con ellos, por alguna razón. Podía sentir algo allí; definitivamente había una barrera entre mi esposa y yo. Pero mi hijo simplemente sonrió y me extendió los brazos como si hubiéramos estado juntos todo este tiempo.

Lo tomé y lo abracé mientras él se reía y sonreía. Qué momento tan maravilloso fue ese.

En ese instante, olvidé el mundo entero. Estaba cargando a mi hijo por primera vez.

Solo seguíamos mirándonos el uno al otro mientras lo sostenía y sonreía con él. De alguna manera, yo no era un extraño para él.

Esa noche, después de entregar mi arma e ir a un hotel local, solo jugué con él, pero sobre todo lo admiré.

Había anhelado tenerlo conmigo por tanto tiempo y, en algunas ocasiones, incluso me había preguntado si ese día realmente llegaría.

Es extraño decirlo, pero jugar con Mark y mirarlo me colocó en una especie de trance de paz. Nada a mi alrededor parecía existir durante esa primera noche.

Incluso después de que mi hijo se quedó profundamente dormido, todo lo que hice fue mirarlo. Estaba perdido de alguna manera.

Mi esposa ya me había dicho, antes de mi vuelo de regreso, que ella y el bebé seguirían viviendo con sus padres.

Sin importar los puntos que yo mencionaba mientras estaba desplegado en cada conversación, no pude hacerla cambiar de opinión.

Verla de nuevo por primera vez y realmente sentir esa barrera que se había construido entre nosotros me hizo darme cuenta de la fría realidad de que había perdido a mi familia.

Aceptar esa realidad fue duro, pero me permitió enfocarme solo en mi hijo.

Quería disfrutar cada momento con él. Quería asegurarme de que supiera que yo era su padre.

No quería que creciera buscando modelos a seguir en otros hombres. Yo quería ser su primer y mejor modelo a seguir.

Tenía miedo, pero había algo en la paz que él me hacía sentir que me daba esperanza de que podría superar todo.

Estaba muy equivocado.

De camino al trabajo en el campamento Demi, Bosnia

Trabajo de relaciones públicas con algunos de los habitantes
de las aldeas que rodean el campamento Demi, en Bosnia.

Recorriendo la ciudad de Sarajevo, Bosnia

Unos cinco minutos despúes de tomar esta fotografía,
explotó una mina terrestre cerca de mí.

Lo que quedaba de un observatorio en Sarajevo, Bosnia

Recorriendo la ciudad de Sarajevo, Bosnia,
devastada por la guerra, cerca del aeropuerto

Capítulo 9

Sargento

Los primeros meses tras regresar de Bosnia fueron difíciles. Nada parecía ir bien en mi vida personal: mi matrimonio estaba en terapia intensiva y yo tenía que rogar para ver a mi hijo. El divorcio se volvía la opción inevitable con cada día que pasaba.

Lo único que me mantenía con los pies en la tierra era mi trabajo. Nuestra sección tenía nuevo liderazgo, y yo estaba siendo considerado para un ascenso. Antes del despliegue, había asistido al Curso de Desarrollo Primario de Liderazgo del Ejército en Fort Hood, un curso de un mes que coloca a especialistas y cabos en situaciones que exigen tomar el mando. Ahí se entrena a los soldados en navegación terrestre, lectura de mapas, combate, instrucción de orden cerrado y liderazgo.

Mi amigo Jack me animó a asistir y me ayudó a prepararme. Sabía que estaba siendo considerado para ascenso y, aunque él tenía más tiempo de servicio, creía que yo sería un buen sargento. Todavía recuerdo lo nervioso que estaba el día de mi entrevista de ascenso. Jack y el sargento Bess me motivaban, tratando de colocarme en la mentalidad correcta antes de enfrentar a los miembros de la entrevista.

La junta incluía a los primeros sargentos de cada compañía del batallón, además del sargento mayor de comando (CSM). Yo estaba nervioso porque era bien conocido que el sargento mayor no solía ascender a soldados que no pertenecieran a una carrera de combate. El CSM encabezaba esa mentalidad. Nunca entendió por qué un soldado de logística debía siquiera ser considerado. Esa era una de las desventajas de ser apoyo: algunos líderes no te veían como uno de los suyos.

Jack, el sargento Bess y yo esperábamos afuera de la oficina del CSM. El sargento Bess ya me había indicado que lo llamarían primero para presentarse ante la junta y explicar por qué sentía que yo estaba listo para liderar soldados.

Jack intervino con su estilo de motivación:

"Tienes que entrar a ese cuarto encabronado con todos los miembros de la junta, Tinoco. Algunos de esos cabrones no creen que estés listo. ¡Demuestra que están equivocados! ¡Enséñales de qué estás hecho y haz que se traguen sus dudas!"

Ese era Jack—siempre vocal, siempre intenso—motivándome a su manera. Luego habló el sargento Bess:

"Así es, Tinoco. Entra ahí sabiendo que los galones de sargento ya son tuyos y que esos cabrones están tratando de quitártelos. ¡No los dejes!"

Para cuando terminaron, yo estaba listo para comerme al mundo. Toda la ansiedad desapareció. Lo chistoso es que creo que Jack se dio cuenta de que quizá me había motivado demasiado y trató de calmarme un poco. Es un sentimiento extraño que alguien te encienda y luego trate de bajarte tantito.

El sargento Bess fue llamado antes que yo. Durante esos cinco minutos, Jack trató de mantenerme en el equilibrio perfecto entre calmado y agresivo. Aun no entiendo cómo logró calibrarme así.

Poco después, salió el sargento Bess y me indicó qué hacer: golpear fuerte la puerta, entrar solo cuando dijeran "Adelante", avanzar al centro, saludar, presentarme y esperar instrucciones. Debía permanecer en posición de firmes mientras revisaban mi uniforme de gala de pies a cabeza. Después de aprobar esa inspección visual, me indicaron sentarme.

Me presenté formalmente ante todos, haciendo contacto visual con cada uno. La frase final de mi presentación debía explicar por qué quería ser líder en el Ejército y cuál era mi objetivo a largo plazo. Miré directamente al CSM y dije:

"Creo que puedo hacer grandes cosas por el Ejército, señor. Puedo motivar a los soldados a seguirme en cualquier situación. Y a largo plazo… quiero su trabajo, sargento mayor de comando."

La expresión en su rostro fue impagable. Claramente no esperaba esa respuesta. Luego pasó por la línea preguntando si alguno tenía preguntas.

Ninguno preguntó nada.

El CSM no estaba complacido.

"Bueno, supongo que su ética de trabajo y reputación lo preceden, especialista Tinoco. Me sorprende que ninguno de mis primeros sargentos tenga preguntas para usted."

Con eso, me despidió. Volví a ponerme en posición de firmes, saludé, agradecí y marché fuera de la oficina.

Jack me esperaba afuera:

"¿Qué demonios pasó, Tinoco? ¿Cómo te fue?"

"¡Creo que muy bien! Ninguno me preguntó nada, ¡y creo que encabroné al CSM! ¡Le dije en su cara que quería su trabajo!"

"¿Qué? ¡Estás loco, cabrón!"

El sargento Bess salió sonriendo.

"Jackson, ¿creerías que estamos viendo al futuro sargento Tinoco?"

Salté de alegría. Abracé a ambos. Iba a recibir galones. Iba a liderar soldados. Yo… el niño pobre de Weslaco, Texas, el migrante que recogía cosechas desde los siete años… ahora el Ejército de los EE. UU. quería que fuera un líder. Era surreal.

No fui ascendido sino hasta después del despliegue en Bosnia. Para entonces, Jack ya se había ido del 2/5 y trabajaba en otro batallón de apoyo. Aun así, sé que jamás habría conseguido mis galones sin él.

Entonces, ¿por qué digo que convertirse en líder puede ser debilitante?

Parte de esa perspectiva nace de lo que viví en Bosnia. Aunque todavía no era sargento, yo era quien escuchaba a los soldados cuando venían a desahogarse sobre sus miedos, pesadillas y desesperanza. Mis palabras de aliento les permitieron seguir adelante. Yo ni siquiera veía eso como liderazgo… hasta mucho después, cuando escuché a algunos decirles a sus familias: "Yo seguiría a Tinoco hasta el infierno".

Esa declaración carga con un peso enorme. No solo debes preocuparte por la misión y los soldados, sino también por las familias que creen que tú vas a traer a sus seres queridos de vuelta.

Mi ascenso y la apertura de mi ventana de reenganche fueron exactamente la distracción que necesitaba para no hundirme con mis problemas matrimoniales. Me ayudaron a mantenerme estable, aunque fuera solo hasta cierto punto.

Desafortunadamente, también comenzaba a beber en exceso.

Buenos momentos en un baile militar. La sonrisa y el uniforme ocultaban la tortura que llevaba dentro.

Capítulo 10

Alemania

Para mi último reenganche en el ejército, en realidad había solicitado que me enviaran de regreso a Kosovo. Nuestro ejército había comenzado a bombardear el lugar mientras yo todavía estaba en Bosnia y se había iniciado la búsqueda del presidente Yugoslavo Slobodan Milosevic. Este hombre también era conocido como el presidente de la República Serbia y había iniciado su propio programa de limpieza étnica en Kosovo.

Muchos pueden preguntarse por qué un soldado querría volver al mismo estado caótico que le estaba causando tantas pesadillas. En verdad no sé la respuesta a eso. Puedo decir que, de alguna manera extraña y posiblemente enferma, me sentía más cómodo conmigo mismo en la "zona caliente". Era como si viera mi propio tormento como un llamado a hacer más. Sentía que mi experiencia en Bosnia podría servir de guía para otros soldados en Kosovo. Más importante aún, quería ser y sentirme útil.

Con el divorcio acechando en mi futuro cercano, necesitaba algo para mantener mi mente ocupada. Los pensamientos de haber dejado a mi hijo en la misma situación de no tener a su padre criándolo me estaban matando lentamente. Decirme a mí mismo una y otra vez que no sería como mi propio padre biológico no me ayudaba en absoluto. Sentía que necesitaba algo que llenara por completo mi mente y apagara esa sensación de que yo era un fracaso. Así que me sumergí en el trabajo, el entrenamiento y mi objetivo de regresar a Kosovo.

Mi deseo de regresar a Kosovo fue recibido con solo una opción: ir a una unidad en Alemania que podría ser desplegada. El despliegue real supuestamente estaba programado para finales del año 2000. Aproveché la oportunidad sin siquiera pensarlo. Al final, creo que el sargento de reenganche solo estaba tratando de cumplir una cuota, porque terminé yendo a una unidad de inteligencia militar que no se desplegó ni a Bosnia ni a Kosovo.

La unidad era el 66.º Regimiento de Inteligencia Militar, y estaba separada entre dos bases. El cuerpo principal de la unidad estaba ubicado en Darmstadt, Alemania, y la compañía a la que fui asignado estaba en Bad Aibling, Alemania; era la Compañía Charlie.

Al llegar a Darmstadt, me informaron de inmediato que mis posibilidades de desplegar eran mínimas o nulas. Sin embargo, había un puesto disponible para mí en la Compañía Charlie que necesitaba ser llenado. Supuestamente, la posición había sido ofrecida a otros sargentos de logística, pero todos habían rechazado porque la base estaba "lejos" de todo. Bad Aibling, Alemania, está ubicada aproximadamente a treinta millas al sureste de Múnich, Alemania, en la región de la Alta Baviera. El área en sí es absolutamente impresionante, y realmente no tengo idea de por qué alguien rechazaría una asignación a esta base, aparte de no darse cuenta de lo buena que es. La base en sí generalmente se consideraba una estación de escucha supuestamente conectada a un sistema que se creía interceptaba comunicaciones globales. Durante mi tiempo allí, incluso escuché a Dan Rather, el ex presentador de Noticias CBS, referirse a la base como una estación de espionaje.

Cuando llegué a la estación, encontré el lugar tranquilo y acogedor. La unidad en sí no era algo a lo que yo estuviera acostumbrado. Después de haber apoyado a una unidad de infantería mecanizada durante los últimos seis años, experimenté una especie de choque cultural con mi nueva asignación de apoyar a una unidad de inteligencia militar. Para empezar, el ritmo de operaciones era las 24 horas del día, los 7 días de la semana, y la unidad en sí era mucho más tranquila de lo que yo estaba acostumbrado. Yo estaba acostumbrado a todo el lenguaje beligerante, los gritos y el ritmo caótico que son comunes en una unidad de despliegue rápido y aún más en una unidad de infantería de combate. Los soldados de la Compañía Charlie estaban igual de sorprendidos conmigo. Mi forma dura de abordar los asuntos no era algo a lo que ellos estuvieran acostumbrados. No sabían si yo hablaba en serio y era, de hecho, un tipo duro o si mi personalidad simplemente era la de un imbécil. Mi cadena de mando también estaba sorprendida. No estaban acostumbrados a alguien con una actitud de "decir las cosas como son". Los primeros meses fueron un poco difíciles para todos los involucrados.

Pronto se determinó que necesitaba muchas más tareas adicionales para mantenerme ocupado. El taller de mi nueva unidad solo tenía diecisiete vehículos militares y seis vehículos civiles. Yo estaba acostumbrado a lidiar con una unidad de más de quinientos vehículos. Solo mi antiguo taller tenía un total de siete vehículos, y eso era solo para nuestra oficina. Por supuesto, estaba acostumbrado a apoyar a un batallón completo en lugar de solo una compañía. No hace falta decir que mi trabajo de logística en Bad Aibling era fácil en comparación con el de Fort Hood, Texas, y por lo tanto necesitaba más tareas para mantenerme ocupado.

Una de esas tareas adicionales era la de ser el sargento de barracas. Con este deber, principalmente tenía que asegurarme de que los soldados vivieran en barracas adecuadas y que su salud y bienestar nunca estuvieran en riesgo debido a problemas estructurales o de limpieza. La regla de limpieza era lo que algunos soldados no toleraban, lo cual hacía mi trabajo más interesante. La única razón por la que realmente podía entrar en la habitación de un soldado era para llevar a cabo inspecciones de salud y bienestar. Cuando asumí por primera vez esta asignación, solo realizaba las inspecciones cada dos semanas, pero eso tuvo que cambiar después de que nuestro primer sargento de compañía y yo comenzáramos a ver que algunos de nuestros soldados vivían en condiciones menos que saludables. Así que, con la aprobación del primer sargento, comencé a realizar las inspecciones una vez por semana. Abordaba los problemas con los soldados individualmente y me aseguraba de que entendieran que las deficiencias debían ser corregidas dentro de veinticuatro horas.

La ironía de la naturaleza humana es que siempre habrá individuos que empujen los límites tanto como puedan cuando se trata de seguir reglas o pautas. Esta era la parte divertida, por supuesto; al menos para mí lo era.

El problema principal originalmente era que los soldados de Bad Aibling olvidaban que yo había pasado los últimos seis años con una unidad de infantería de combate. Yo no era tan condescendiente o "políticamente correcto" como los otros suboficiales con los que habían tratado antes. Este pequeño descuido finalmente llevó a que recibieran un montón de regaños cuando realmente no había necesidad de ellos. Todo lo que tenían que hacer era mantener las barracas limpias. Sin embargo, las tareas más simples a veces pueden ser las más abrumadoras para ciertos individuos. Después de unas semanas, quedó claro por las acciones de los soldados que simplemente no estaba logrando influir en ellos, y por lo tanto necesitaba incorporar medidas drásticas.

Una de las grandes cosas de ser líder en el ejército es que tienes la oportunidad de ser creativo al tratar con soldados. Pensé que era hora de utilizar tácticas de miedo con esas cabezas huecas para hacerlos apreciar realmente sus condiciones de vida. Yo venía de una unidad donde los soldados tenían que compartir habitaciones y realmente no tenían mucha privacidad. Los soldados de Bad Aibling tenían habitaciones individuales.

Lo primero que tenía que hacer era obtener la aprobación y el respaldo de mi cadena de mando. Fui a la oficina del primer sargento un día y hablé sobre todas las infracciones y deficiencias que ya habían sido abordadas muchas veces con los soldados. Cuando me preguntó qué tenía en mente, compartí mi idea de usar una táctica de miedo y hacer que todos los soldados fueran expulsados de las barracas y obligados a instalar sus mitades de refugio emitidas por el ejército afuera. Esto significaba que tenían que emparejarse para completar una tienda que solo concedía espacio suficiente para que dos individuos se acostaran uno al lado del otro y nada más. Cualquier cosa que quisieran llevar afuera con ellos tendría que permanecer afuera de las tiendas mientras dormían y luego colocar los artículos nuevamente dentro cuando se reportaran al trabajo. Debido a que sus pertenencias no podrían ser adecuadamente aseguradas mientras estaban trabajando, esto significaba que tenían que compartir turnos de guardia y dejar a uno o dos soldados detrás vigilando todo mientras los demás trabajaban.

Recuerdo que el primer sargento sonrió y pude notar que le encantaba la idea.

"Sargento Tinoco, nunca se ha hecho algo así aquí. Mucha gente va a llorar por este asunto. También estoy 100 por ciento seguro de que el comandante de la compañía y yo recibiremos muchas llamadas de los líderes de escuadra y sargentos de pelotón sobre esto."

"Entiendo eso, Primer Sargento. Pero usted sabe muy bien que cuando las cosas pequeñas no se controlan, tienden a convertirse en algo mucho más serio y difícil de manejar a largo plazo. Esto puede parecer una locura, pero hay lógica detrás de ello. Estoy seguro de que los soldados finalmente verán que hablamos en serio y que ya no aceptamos excusas para no mantener limpias sus barracas."

Quiero decir que fue en ese momento cuando realmente comencé a usar las frases "Hay lógica en mi locura" y "Hay un método en mi locura". Mirando atrás, es posible que algunas de mis decisiones no parezcan tener lógica o método, pero para mí, en ese momento, sí los tenían.

"Bueno, Sargento Tinoco, realmente me gusta la idea y de verdad quiero ver cómo se desarrolla toda la situación. Debería ser interesante de observar. Se lo explicaré al comandante y luego le avisaré cuándo puede ejecutar su plan."

"Entendido, Primer Sargento."

Me levanté, estreché su mano y salí. Juro que tenía una sonrisa todo el tiempo, contemplando el plan loco que tenía, o tal vez solo imaginando cuál sería la reacción del comandante una vez que se le informara del plan. Nunca supe cuál fue su reacción, pero al día siguiente, el primer sargento me llamó a mi oficina para informarme que estaba aprobado llevar a cabo mis planes.

"¿Cuándo planea ejecutar esta locura?"

"Bueno, Primer Sargento, estaba pensando en la mañana del viernes y permitir que la medida se extendiera hasta la tarde para que tuviera el máximo efecto. A los soldados les encantan sus fines de semana, y algo como esto realmente podría emocionarlos."

"Me gusta, realmente me gusta. Adelante, Sargento Tinoco. Solo recuerde que muchos líderes de escuadra y sargentos de pelotón van a armar un escándalo por esto. El comandante y yo decidimos mantener el plan solo entre los tres, también para máximo efecto. Así que, si los otros suboficiales vienen a hablar con usted, solo envíelos conmigo."

"Entendido, Primer Sargento, entonces será el viernes por la mañana."

Durante los siguientes dos días, realicé dos inspecciones más de salud y bienestar y encontré varias deficiencias. Abordé esas fallas como siempre lo había hecho. Nada cambió en mi comportamiento; estaba calmado y sereno todo el tiempo. Estaba haciendo eso pensando en el viernes; quería que ese día los golpeara con fuerza y realmente los sorprendiera. Algunas de las cosas que señalé a los soldados fueron corregidas, pero otras no. Su fracaso en corregir todas las deficiencias señaladas se estaba convirtiendo en un problema y tenía que cambiar.

La mañana del viernes realicé otra inspección inmediatamente a las 8:00 AM, y una vez más, la mayoría de las deficiencias que constantemente estaban siendo señaladas seguían sin corregirse. Rápidamente fui a mi oficina y comencé a llamar a cada sargento de pelotón de la compañía y les pedí que me enviaran a los soldados que vivían en las barracas. Cuando preguntaban la razón, simplemente dirigía sus quejas a la oficina del primer sargento. La mayoría de las veces, una vez que los dirigía hacia "Top", ni siquiera se molestaban en llamar a su oficina y simplemente me enviaban a los soldados. Les pedí a los soldados que se reportaran a sus barracas y me esperaran en la sala común.

Una vez que todos los soldados estaban presentes, entre de golpe en la sala y di inicio a la locura.

"¡Quiero que cada maldito soldado aquí empaque sus mochilas con sus mitades de refugio y cualquier artículo sanitario que consideren necesario para la próxima semana!"

Lo único que obtuve fueron miradas vacías. Todos se quedaron sentados o parados en sus lugares, tratando de descifrar las palabras que les estaba gritando.

"Lo repito, ¡quiero que todos ustedes vayan a sus pinches cuartos asquerosos y empaquen sus mitades de refugio, junto con ropa, sus sacos de dormir y cualquier artículo sanitario que pudieran necesitar durante la próxima semana! ¡A partir de este momento, estas barracas están cerradas y fuera de límites! ¡Las únicas áreas que pueden usarse son los baños!"

Podía ver la incredulidad en sus ojos y expresiones mientras las palabras comenzaban a hacer efecto.

"¡Muevan sus malditos traseros! ¡Los quiero afuera con todas sus cosas en formación en diez minutos!"

Comencé a salir del cuarto, y fue entonces cuando se rompió el silencio. Un montón de soldados empezaron a gritar que yo no podía hacer eso o que esto era una mierda. Varios soldados se acercaron a mí para preguntar si hablaba en serio. Claro que hablaba en serio. Y, como ya había hecho con sus líderes de escuadra y sargentos de pelotón, al pedirles que fueran a ver a Top para ver si yo hablaba en serio o no, hicieron exactamente lo que les indiqué.

Debo decir que me costó todo no sonreír mientras me alejaba de todos ellos, escuchando todo el alboroto, puertas golpeándose, casilleros azotándose al abrirse, maldiciones y quejas. Mientras salía del edificio, Top estaba en el pasillo, esperándome.

"Ya han llamado algunos sargentos de pelotón. Les dije que deben adherirse a todo lo que usted diga y que no esperen que sus soldados regresen al trabajo pronto."

"Gracias, Top, los soldados tienen diez minutos para formarse afuera. Si no están todos ahí, los juegos realmente comenzarán."

"Está bien, Sargento Tinoco. ¿Debería cerrar mi ventana?"

"Puede hacerlo, pero aun así me va a oír."

Sonrió y regresó a su oficina.

Pasaron diez minutos, y yo estaba afuera esperando que todos se formaran. Todavía se escuchaba alboroto desde las barracas mientras los soldados seguían tratando de conseguir todas sus cosas. Algunos habían llegado a tiempo. Me paré frente a ellos, mirando sus mochilas desordenadas con cosas saliendo de ellas debido al corto tiempo que se les había dado. Aunque habían cumplido con mi tiempo para la formación, todos iban a pagar el precio. Le di a los pocos soldados en formación una mirada de decepción y luego miré mi reloj; habían pasado dos minutos más.

"Si sus compañeros no están aquí en los próximos quince segundos, ¡voy a reventarlos a ejercicios hasta que lleguen!"

Los soldados formados comenzaron a gritar a sus compañeros:

"¡Apúrense, carajo! ¡Ya tardaron! ¡Muévanse más rápido!"

Pasaron quince segundos; asumí la posición de atención y me dirigí al grupo.

"¡Grupo, atención! ¡Media vuelta a la derecha, ya! ¡Posición de flexión frontal, ya!"

Una vez que todos estuvieron en la posición adecuada para hacer lagartijas, me separé de mi lugar y comencé a caminar frente a la formación mientras iniciaba el ritmo lento de hacer lagartijas.

"Abajo."

Todos bajaron y asumieron la parte baja de la posición. Esperé unos segundos para asegurarme de que sus músculos estuvieran tensos.

"Arriba."

Al volver todos a la posición inicial, más soldados fueron llegando a la formación.

"¡Formen junto a sus compañeros y asuman la posición de lagartija! ¡Vamos a hacer esto hasta que todos estén aquí, y luego seguiremos haciendo lagartijas hasta que yo me canse!"

La belleza de todo era que yo no estaba haciendo lagartijas, así que esto los confundía aún más, porque yo nunca me cansaría.

"Abajo."

Esta vez dejé pasar unos segundos más.

"Arriba."

"¡Algunos de sus compañeros aún no están aquí! ¡Supongo que no les importa que ustedes hagan lagartijas por ellos!"

Unos cuantos soldados más llegaron y dejaron caer sus mochilas rápidamente para unirse a sus compañeros. Procedí a acelerar mis comandos para que completaran un buen número de lagartijas. Debieron haber hecho unas cincuenta mientras más y más soldados llegaban y se unían a la formación. Una vez que vi que sus brazos empezaban a temblar, detuve el ejercicio y los llamé a la posición de atención. Hablé sobre todas las deficiencias continuas que parecían nunca arreglarse a pesar de haber hablado de esos problemas muchas veces en el pasado. Les dije que, ya que no podían mantener sus barracas limpias, ahora iban a vivir en sus tiendas de campaña.

"¡Todos ustedes tienen veinte minutos para decidir quién va a ser su compañero de tienda y luego armar sus tiendas de manera organizada! ¡Su compañero será del mismo género! ¡Una vez que todo esté debidamente instalado, asignaré sus turnos de guardia para hoy y para este fin de semana! ¡Aparte de los baños, sus barracas están fuera de límites! ¡En unos momentos estaré recolectando las llaves de sus cuartos!"

Todos se quedaron ahí parados, incrédulos, tratando de mantener la posición de atención ya que acababan de ser castigados con lagartijas. Podía ver el enojo y el shock en sus ojos.

"Al comando de '¡Rompan filas!', todos se van a reunir y harán lo que se les indicó. ¡Recuerden, tienen veinte minutos para lograrlo!"

Una vez más, asumí la posición de atención y me aseguré de hacer contacto visual con todos en el grupo. "¡Rompan filas!"

Todos se apresuraron uno hacia el otro, agarrando sus mochilas y emparejándose rápidamente entre sí. Estaban empezando a captar la idea. Decidí alejarme momentáneamente solo para ver si comenzarían a pelear entre ellos. Y, claro, en el momento en que me alejé, empezaron los reclamos y las quejas.

Los escuché mientras empezaban a reprochar a los pocos culpables conocidos que siempre estaban en violación de las tareas o asignaciones de limpieza. Esto era exactamente lo que yo quería. Quería que el grupo aplicara presión sobre aquellos soldados que no estaban haciendo lo que se suponía que debían hacer. Quitarles su fin de semana junto con la comodidad y privacidad de sus propios cuartos iba a lograr que o se unieran como uno solo y no aceptaran nada menos que una participación del 100 por ciento en el mantenimiento de las barracas, o que el grupo se dividiera por completo. Yo apuntaba a la unificación y a su firme resolución de finalmente hacer lo que se les exigía a todos. De lo contrario, iba a ser castigo masivo cada vez que alguien reprobara una inspección. Era de su mejor interés unirse, y por lo que estaba escuchando, parecía que las cosas iban encaminadas en esa dirección.

Los veinte minutos se acabaron.

Caminé hacia el frente del grupo, me quedé en posición de atención y revisé a los soldados que todavía estaban trabajando en sus tiendas.

"¡Grupo, atención!"

Todos dejaron de hacer lo que estaban haciendo y asumieron la posición de atención.

"¡Debo de no estar expresándome claramente! Pensé que les había dado veinte minutos para completar esta tarea y, sin embargo, aquí estamos con un montón de tiendas sin terminar y sin asegurar. ¡Pues está bien! ¡Tengo algo que podría motivarlos!"

Pude ver el pánico en sus ojos mientras suspiraban y esperaban la siguiente orden.

"¡Posición de flexión frontal, ya!"

Todos se colocaron de inmediato en posición de lagartija, y comencé otra vez un conteo rápido. Los mantuve empujando hasta que la mitad del grupo empezó a colapsar y fue incapaz de continuar.

"¡Ah, carajo! ¿Qué demonios está pasando aquí? ¡Algunos de ustedes ya no quieren hacer lagartijas! ¡Eso también está bien! ¡Vamos a cambiarle! ¡Boca arriba!"

Todos se desplomaron en el suelo y dolorosamente rodaron hasta quedar boca arriba.

"¡Patadas de tijera a mi conteo! ¡Listos! ¡Empiecen! ¡Uno, dos, tres! ¡Uno, dos, tres!"

Cada vez que llegaba al conteo de tres, los soldados gritaban un conteo de uno y continuaban el conteo hasta que una vez más llegaban al punto de agotamiento. Podía escuchar sus quejidos y jadeos mientras intentaban continuar con el ejercicio.

"Muy bien, prepárense para una rutina de frente–espalda–ya. ¡Todos conocen el procedimiento! Una vez más, ¡vamos a seguir haciendo esto hasta que todos me convenzan!"

Más quejidos dolorosos de parte de todo el grupo.

"¡Frente!"

Todos asumieron la posición de lagartija y comenzaron a sacar unas cuantas.

"¡Espalda!"

Todos se voltearon a la posición de patadas de tijera y empezaron a hacer el ejercicio.

"¡Ya!"

Todos se pusieron de pie y empezaron a correr en su lugar. Hice esta rutina con ellos durante unos diez minutos antes de decidir darles un descanso.

"¡Posición de atención, ya!"

Todos hicieron su mejor esfuerzo por asumir la posición de atención. Podía notar que estaban exhaustos y apenas podían mantenerse erguidos.

"¡Muy bien! ¡Ahora tienen diez minutos para tener sus tiendas armadas, aseguradas y todas sus cosas dentro de ellas! ¡Todo más vale que esté de manera organizada y uniforme! ¡Si el armado de una tienda se ve diferente, que Dios los ayude a todos! ¡Rompan filas!"

Una vez más, todos corrieron lo mejor que pudieron hacia sus respectivas tiendas, y algunos de los soldados comenzaron a gritar cómo debían tener sus cosas acomodadas dentro o fuera de ellas. Esto se hizo para que todos estuvieran uniformados de manera idéntica. Y aun así, las discusiones continuaron mientras algunos de los soldados seguían regañando a aquellos pocos que se sabía que siempre reprobaban las inspecciones de salud y bienestar. Su trabajo en equipo se estaba volviendo más organizado. Se estaban convirtiendo en un solo equipo; al menos para la tarea que tenían frente a ellos.

Pasaron diez minutos.

Caminé hacia el grupo otra vez. Pude ver que, en su mayoría, todos habían terminado con sus tiendas. Había dos soldados que todavía estaban intentando organizar sus mochilas de manera que reflejara la de todos los demás. A propósito, llamé al grupo a atención de inmediato antes de que los soldados pudieran terminar. Después de regañarlos un poco más por aún no tener todo hecho como se les había indicado, los puse a hacer más ejercicios. Los castigué durante otros quince minutos sin parar. Todos los soldados se estaban desplomando y teniendo dificultades para continuar con los ejercicios. Después de detener la sesión de castigo y llamarlos una vez más a la posición de atención, les di cinco minutos adicionales para completar la tarea. Después de que se cumplieron esos cinco minutos, todo estaba instalado como debía.

Me dirigí a todo el grupo y les hablé de su fracaso en cumplir con las exigencias de una inspección de salud y bienestar. Les dije que iba a mantenerlos afuera por una semana como castigo. Su fin de semana estaba arruinado, al menos según ellos sabían. Les había destrozado sus planes. Antes de dar por terminado el día, les di una última tarea. Tenían que volver a sus barracas y asegurarse de que todas las áreas comunes estuvieran limpias. Se les dieron treinta minutos para completar la tarea.

Durante esos treinta minutos, algunos de sus líderes de escuadra y sargentos de pelotón habían llegado a mi ubicación. Ya habían manifestado su desaprobación de mis acciones ante el primer sargento y el comandante de la compañía. Para mantener la ilusión de un castigo real, a estos sargentos no se les dijo la verdad. Estaban molestos, por decir lo mínimo. Varios de ellos llegaron hacia mí y me preguntaron quién diablos me creía que era.

Fui profesional y les dije que alguien tenía que recordarles finalmente a los soldados que ellos eran, de hecho, soldados. Esto significaba que tenían que seguir todas las políticas, directivas y órdenes que se les daban. Les ofrecí hacerse cargo de mis deberes como sargento de barracas, y ninguno aceptó. Así que no estaban de acuerdo con mis tácticas, pero tampoco iban a hacerse cargo para intentar algo diferente.

Antes de que se cumplieran los treinta minutos, todos los soldados estaban de nuevo en formación esperándome para que me dirigiera a ellos. Los hice estar en posición de descanso mientras llevaba conmigo a los líderes de piso para inspeccionar todas las áreas. No encontré una sola infracción. Después, me dirigí a toda la formación y les informé de su necesidad de tener guardias para vigilar todas sus tiendas y pertenencias. El resto podía volver a sus respectivas secciones y terminar su jornada laboral. Les informé que tendríamos otra formación al final del día junto con otras tres formaciones el sábado y el domingo. Ya no me daban esa mirada vacía de incredulidad. El mensaje había calado.

Después de haberlos hecho romper filas y asumir sus deberes, regresé a la oficina del primer sargento. Tanto él como el comandante me pusieron al tanto de todas las llamadas telefónicas que habían recibido de los pelotones afectados y de cómo me habían respaldado en las medidas que había tomado. Yo, a mi vez, les informé que iba a realizar dos formaciones más al final de la jornada, no una, como les había dicho a los soldados. Les expliqué que la segunda formación se llevaría a cabo dos horas después de la formación de cierre de actividades. Mi intención era darles tiempo a los soldados para que realmente creyeran que su fin de semana estaba completamente arruinado. Ese tiempo también les daría la oportunidad de hablar sobre sus propias deficiencias y llegar a un acuerdo de hacer lo que se esperaba de ellos cada vez, de ahí en adelante. El comandante y el primer sargento estaban complacidos con la idea y me pidieron simplemente que los notificara una vez que se hubiera llevado a cabo la formación final.

Al final del día, tuvimos nuestra formación y les informé a los soldados sobre sus responsabilidades para el fin de semana. Les recordé una vez más cómo las barracas estaban fuera de límites, excepto los baños. Recolecté todas sus llaves de cuarto e hice que los líderes de piso me siguieran una vez más mientras me aseguraba de que todos los cuartos estuvieran cerrados. Para concluir, les dije que, para asegurarme de que estuvieran haciendo todo lo que se les había instruido, realizaría formaciones sorpresa periódicamente durante la noche y el fin de semana. Creo que esta última declaración fue la que les rompió el corazón. Pude ver cómo sus esperanzas se desvanecían y se derrumbaban mientras la realidad de todo finalmente se imponía.

Dos horas más tarde, hice una formación sorpresa. Todos estaban presentes, y cuando se les preguntó si habían aprendido algo ese día, todos respondieron con un estruendoso "¡Sí, Sargento!" Fue entonces cuando finalmente les advertí que ésta era su última llamada de atención. Tenían que hacer lo que se esperaba de ellos o vivirían afuera. Cuando los despedí de la formación, todos se quedaron ahí parados. No estaban seguros si realmente hablaba en serio sobre dejarlos regresar a sus cuartos. Caminé entre las filas, devolviéndoles sus llaves de cuarto y asegurándoles que hablaba en serio. Solo les pedí que nunca olvidaran ese día y, más importante aún, les pedí que recordaran que contaba con el respaldo de nuestra cadena de mando. Pasaron todas y cada una de las inspecciones de salud y bienestar después de eso, y ni siquiera tuve problemas con los nuevos soldados que iban llegando; los mismos soldados se aseguraban de que todos supieran las consecuencias, y se mantenían responsables unos a otros.

El segundo deber que se me asignó fue el de ser el suboficial de enlace de la Unidad de Asociación Alemán-estadounidense. Este programa une a soldados estadounidenses y alemanes para varios eventos que se organizan para fomentar la camaradería entre los soldados. Esos eventos incluyen calificar con las armas de servicio del otro, deportes, ceremonias de Guardia de Honor, escalar varias montañas de Alemania e incluso eventos sociales como una forma de alcance comunitario.

Cuando se me asignó esta tarea, la participación era pésima. Es justo decir que el programa prácticamente no existía. Al principio estaba nervioso. Uno, sentía que me estaban entregando un barco que se estaba hundiendo, y dos, aún no había aprendido el idioma.

Mis preocupaciones desaparecieron una vez que conocí a los dos alemanes que estaban a cargo del programa de su lado. El oficial a cargo era el coronel Neuser, y el suboficial era el Oberstabsfeldwebel (suboficial superior) Dax. Lo mejor de ellos era que hablaban inglés perfectamente. Rápidamente me dieron la historia de los diecinueve años de existencia del programa y sus planes para mejorarlo. Nos llevamos muy bien, y una vez que conocí a los otros soldados alemanes, quedé enganchado. Era un gran grupo de hombres.

Este grupo de soldados hizo mi trabajo bastante fácil. A todos les encantaba entrenar a nuestros soldados en el uso efectivo de sus armas alemanas y transmitir el conocimiento que tenían sobre la historia de los alrededores de Bad Aibling. Lo mejor de todo es que no esperaban nada a cambio. Se habían ofrecido como voluntarios para participar en el programa y estaban decididos a hacer que fuera una gran experiencia para todos los involucrados. Su profesionalismo y generosidad me hicieron querer hacer lo mismo por ellos. Rápidamente utilicé todos los recursos que tenía a mi disposición como sargento del taller de vehículos para poder proveer transporte para la mayor cantidad de soldados posible.

Lo mejor de mi taller es que tenía acceso rápido al personal del taller de vehículos alemán y podía solicitar fácilmente autobuses para grupos grandes. También tenía que hacer negocios con las bases ubicadas en Darmstadt, Stuttgart, Frankfurt, Heidelberg y Mainz. Esto me dio la oportunidad de contactar a tantos soldados como fuera posible y darles la oportunidad de participar en el programa. Me alegraba poder acomodar a tantos soldados como fuera posible, y el liderazgo alemán estaba encantado de que el programa estuviera funcionando tan bien.

Mi evento favorito de la asociación era el evento de entrenamiento de montaña que hacíamos solo una vez al año. Íbamos a escalar las montañas de Brannenburg, Alemania. Hay una cabaña a mitad de camino hacia la cumbre más alta, el Wendelstein, que es una montaña de 6,030 pies de altura. Esta montaña es parte de los Alpes bávaros del sur de Alemania. La cabaña en sí fue construida durante la Segunda Guerra Mundial y terminada en 1945. Es utilizada por las fuerzas armadas alemanas para entrenamiento de montaña, especialmente por aquellas unidades pertenecientes a la Brigada de Montañistas alemana.

Pasábamos dos días y dos noches en la cabaña. Una vez que caminábamos hasta ella, la usábamos como punto de partida los siguientes dos días. Los soldados eran llevados a cinco cumbres diferentes durante los dos días de entrenamiento: Lacherspitz, Wendelstein, Soinwand, Kesselwand y Wildalpjoch. Ninguno de nosotros lo veía realmente como entrenamiento. El paisaje allá arriba era impresionante. Nuestros homólogos alemanes llevaban a sus propios cocineros militares y algunos instrumentos para música de polka al final de cada día. Tengan en mente que uno no puede realmente escuchar música de polka alemana sin algo de cerveza alemana y schnapps. Chris y yo nos habíamos convertido en muy buenos amigos de algunos de los soldados alemanes. Neuser, Dieter, Faist, Lutz, Miedl y Kleinmeier son solo unos cuantos de los grandes hombres que dieron tanto de sí mismos para hacer que estos eventos funcionaran en beneficio de todos.

Faist era un verdadero soldado de la Brigada de Montañistas y se tomaba muy en serio esas caminatas. De toda la unidad de asociación, él era el único soldado que había ganado la famosa insignia y parche de edelweiss para portar en su uniforme. Esta insignia está diseñada para parecerse a la flor de edelweiss, que crece en las partes más altas de los Alpes. Los alemanes consideran que las tropas de montaña, con su entrenamiento especializado, son clave en el resultado de cualquier campaña militar que tenga lugar en terrenos montañosos. Después de haber pasado por la versión de entrenamiento de montaña de la unidad de asociación dos años seguidos, reuní el valor para preguntarle a Faist qué se necesitaría para que yo ganara la insignia de edelweiss. Recuerdo que Faist miró alrededor a sus compañeros y tuvo una gran sonrisa en la cara antes de responder a mi pregunta en su inglés más quebrado.

"¡El entrenamiento es muy duro!"

"¿Puedes entrenarme?"

En realidad se rió en voz alta con mi comentario mientras yo solo me quedaba ahí sentado preguntándome por qué este hombre no creería posible que yo obtuviera una condecoración tan prestigiosa. Cuando finalmente vio que mi postura no había cambiado, él también se puso muy serio.

"¿Estás seguro, Sergio?"

"Sí. Me gustaría ganarme tu respeto."

"Ya tienes mi respeto. No hay necesidad de que se haga nada más."

"Incorrecto. Me gustaría que vieras que puedo hacer esto, pero con una condición."

"¿Cuál es la condición?"

"Cuando me gane tu respeto como soldado de montaña, me gustaría que tú me prendieras la edelweiss; nadie más."

Para ese momento, Dieter, Neuser, Lutz y algunos otros soldados alemanes ya se habían sumado a nuestra conversación y todos estaban ansiosos por ver si Faist me aceptaría como su Praktikant, "aprendiz" o "alumno".

Faist tomó en cuenta el hecho de que yo ya había ganado la Medalla Deportiva Alemana (Deutsches Sportabzeichen), que es una condecoración de la Federación Alemana de Deportes Olímpicos por calificar en cinco eventos diferentes que ponen a prueba la capacidad física, la fuerza y la resistencia de un soldado. Esos cinco eventos son doscientos metros de natación; un salto de longitud, que mide la potencia de salto de una persona; una carrera de mil metros y un evento de bicicleta de quinientos metros; un evento de lanzamiento de peso y otro evento de cien metros de natación para indicar la fuerza física de una persona; y, por último, la medición de la resistencia se hacía mediante una prueba de resistencia de veintitrés millas.

Nunca he sido un buen nadador y siempre he odiado correr, pero pude superar mi miedo al agua profunda y mi aversión a correr para poder ganar esta condecoración. Si me pidieran completar estas disciplinas ahora, probablemente me reiría.

Podía notar que Faist estaba dudando de tomarme como alumno. Nuestros horarios de trabajo eran nuestro mayor obstáculo, pero le juré que me pondría a su disposición cuando él lo solicitara, para cualquier entrenamiento que tuviera que pasar. Habló con el coronel Neuser durante unos momentos y luego me dio su respuesta.

Me entrenaría. Yo estaba encantado, pero sí le pedí una última cosa. Le pedí que me tratara como a un nuevo soldado alemán que se había unido a las filas de la Brigada de Montañistas. No quería trato especial alguno con respecto al régimen de entrenamiento. Faist sonrió, estrechó mi mano y juró que me entrenaría duro; después de eso, me deseó suerte. Todos los que estábamos ahí estábamos muy emocionados. Los soldados alemanes no podían creer que esto estuviera sucediendo. Era algo completamente inesperado y algo que no se les había solicitado durante todos sus años de servicio militar.

El entrenamiento estaba programado para durar tres meses. Esto se debía en parte a nuestros horarios reales de trabajo y a otros eventos de la asociación que ya estaban en nuestro calendario, y habíamos acordado que mi entrenamiento individual no interferiría de ninguna manera con el programa de asociación.

Tres meses antes de mi último evento de entrenamiento de montaña en Brannenburg, Faist comenzó a instruirme sobre supervivencia en montaña y a exigirme aún más en fuerza física, resistencia y aguante. Iba a necesitarlo para poder sobrevivir la caminata de ocho cumbres diferentes en dos días. Al final de los tres meses, Faist, Dieter y el coronel Neuser vinieron a la Estación Bad Aibling para cenar y tomar unas copas conmigo. Debido al inglés quebrado de Faist y mi alemán quebrado, Dieter era nuestro intermediario y nos ayudaba cada vez que algo no se entendía entre nosotros. Faist me preguntó cómo me sentía y si creía que estaba listo. Recuerdo que hice una pausa y pensé en mi respuesta antes de contestar las preguntas. No era algo por lo que se me conociera.

"Sí, creo que estoy listo, y de hecho me siento muy bien."

Faist me miró y luego se inclinó sobre la mesa del comedor. "No, no es lo que se preguntó."

Volví a hacer una pausa, contemplé sus preguntas. "Ja, ich glaube." Sí, creo.

Tuve que pensar en mi traducción. ¿Estaba correcta? "Ja, ich bin bereit. Sí, estoy listo."

Volví a hacer una pausa y esperé a que Faist respondiera. Los segundos entre medio parecían alargarse, como si alguien hubiera pedido un minuto de silencio y todos en la mesa hubieran estado de acuerdo.

Me volví hacia el coronel y Dieter para ver si podía obtener alguna pista de ellos de que mi frase en alemán era incorrecta. Ellos solo asintieron de vuelta hacia Faist.

Cuando volví a mirar a Faist, su sonrisa comenzó a ampliarse y lentamente se convirtió en una gran sonrisa. Se levantó y puso sus manos sobre mis hombros.

"¡Yo creo esto también, Sergio! ¡Tú debes creer!"

Y con eso, todos nos levantamos muy emocionados. El coronel y Dieter felicitaron a Faist y a mí. Juntos habíamos logrado un gran primer paso hacia mi obtención de la famosa edelweiss. Después de unos momentos de celebración y de pedir más bebidas para celebrar, continuamos nuestra cena y discutimos la fecha de mi entrenamiento de certificación. Se fijó para un mes antes de nuestro próximo evento de entrenamiento de montaña de la asociación. Se me entregó una lista de artículos que debía empacar para mi certificación y se me dijo que me hidratara bien durante toda la semana previa. Nada de cerveza, me dijeron. Después de nuestra cena, los tres se fueron de la estación y todos me desearon la mejor de las suertes. Estaba sintiendo una inmensa mezcla de emoción, alivio, gratitud y asombro, todo a la vez. No podía creer que esto realmente estuviera sucediendo.

Dos días después de mi reunión con Faist, el coronel y Dieter, recibí una visita en mi oficina del taller de vehículos. Era un individuo alto con uniforme. Rápidamente revisé su BDU para ver su nombre y rango, pero no pude encontrar ninguna placa de nombre ni insignias de rango en él.

"¿Sargento Tinoco?"

"Sí."

"Hola, soy el Sargento Mayor Breasse. Alfa 1-10, Fuerzas Especiales, de Stuttgart, Alemania."

Su presentación me tomó desprevenido. ¿Fuerzas Especiales? "Hola, Sargento Mayor. ¿En qué puedo ayudarle?"

"Hablé con su comandante de compañía y me informó que usted era el soldado indicado para ver respecto a ayudar a mis hombres con algún apoyo para un ejercicio de entrenamiento de montaña que comenzarán en unas semanas."

"Claro que sí, Sargento Mayor. Lo que necesiten ustedes."

"Qué bueno escuchar eso, Sargento. Haré que uno de mis hombres lo contacte antes del entrenamiento para que ustedes puedan cuadrar todos los detalles y la logística."

"Claro que sí, Sargento Mayor."

Resultó que sus días de entrenamiento eran los mismos en los que yo tenía que hacer el entrenamiento de montañismo con Faist.

Primero el deber.

En cualquier caso, resultó ser una gran experiencia. Pude salir y apoyar a la unidad de Fuerzas Especiales durante su entrenamiento. La unidad era bastante impresionante. Los tipos incluso me permitieron participar en parte de su entrenamiento de supervivencia en una de las cumbres que debían alcanzarse. Mis amigos alemanes entendieron que ese era mi trabajo y que no había forma de que yo le dijera a un grupo de soldados, especialmente a las Fuerzas Especiales, que no podía apoyarlos. En ese momento, pensé que tendría otra oportunidad de ganar la insignia de edelweiss. Desafortunadamente, debido a que la Brigada de Montañistas alemana también estaba llevando a cabo su propio entrenamiento, nunca tuve la oportunidad.

Cuando llegó el momento de que yo participara en mi último ejercicio de entrenamiento de montaña con la unidad de asociación, Faist y algunos de los otros soldados alemanes hicieron las caminatas conmigo. Durante dos días, les hablé de lo bien que me la había pasado dirigiendo el programa. Esto los tomó un poco por sorpresa ya que no sabían que ese sería mi último ejercicio de entrenamiento de montaña con ellos. Estaba en mi último año en Alemania y tenía que empezar a buscar a otro soldado estadounidense que tomara mi lugar en la dirección del programa.

Nuestras conversaciones ese fin de semana fueron alegres en su mayor parte. Recordamos todos los grandes momentos que habíamos tenido con el programa. Intentamos lo mejor posible que los temas de conversación no se volvieran melancólicos. Sin embargo, después de cada caminata hacia las cumbres designadas, se servían bebidas una vez que regresábamos a la cabaña: música alegre, buena comida, gran compañía y la siempre sabrosa cerveza alemana. Las emociones siempre tienden a ganar cuando comienzan a fluir las bebidas. No fue diferente para mis amigos alemanes y para mí.

En nuestra última noche allí, Faist me entregó su boina negra. El hombre tenía una gran sonrisa en la cara y hacía todo lo posible por expresarse en inglés. En la boina estaba prendida una insignia de edelweiss. Fue un honor enorme para mí. Todos vitorearon y juntaron sus vasos de cerveza en brindis y aprobación de la tremenda muestra de respeto que Faist acababa de otorgarme. Yo estaba sin palabras, ahogándome en emoción ya que este hombre realmente había creído en mí y en mi capacidad de haber podido sobrevivir al entrenamiento de montañista. Le di las gracias y le di un fuerte abrazo de oso. Me quedé con esa boina el resto de la noche. Ni siquiera me la puse, porque no podía dejar de admirar la edelweiss en ella. Estaba en tal estado de incredulidad.

Unos meses después, mis amigos alemanes me sorprenderían una vez más al otorgarme la Medalla de Honor Alemana en Bronce, la condecoración más alta que ellos mismos podían ganar por pertenecer a la Reservisten der Bundeswehr, las Reservas del Ejército Alemán. Decir que estaba abrumado y sin palabras es poco. Tengo entendido que el coronel Neuser y Dieter fueron fundamentales en el impulso para que se me otorgara la medalla. Era una medalla de la que me tomó años siquiera poder hablar. Nunca creí que hubiera hecho algo que pudiera considerarse fuera de lo normal. Yo era un soldado igual que ellos. Hice lo que tenía que hacer y nada más.

El coronel Neuser y Dieter ambos me llevaron a un lado después de la ceremonia de entrega. Me dijeron que estaban orgullosos del trabajo que habíamos hecho juntos. Para ellos, esa ceremonia en particular también fue la primera vez. Mirando atrás ahora, veintitrés años después, todavía no puedo creer que haya tenido la fortuna de ganar su respeto. Esa ceremonia se suponía que sería alegre, pero todos sabíamos que mi tiempo con ellos estaba llegando a su fin. El pensamiento de ya no poder trabajar con ellos la convirtió en una ocasión sombría.

Fue una experiencia verdaderamente humilde.

Cabaña utilizada durante los fines de semana de
entrenamiento de montaña de la Unidad de Asociación
en las montañas de Brannenburg, Alemania.

Descansando en la cima de una de las montañas
de Brannenburg, Alemania.

De camino hacia esas montañas que se ven al fondo.

Capítulo 11

11 de septiembre de 2001

Era media tarde del 11 de septiembre de 2001. La hora en Alemania está aproximadamente siete horas por delante de la Costa Este de los Estados Unidos. Yo estaba trabajando en unos informes de mantenimiento para el parque de vehículos en mi oficina cuando sonó el teléfono. Era mi comandante de compañía.

"¿Sargento Tinoco, cuánto tiempo le tomará activar la Fuerza de Reacción Rápida (QRF) y cerrar esta base?"

Aun sin saber para qué, respondí:

"Solo me tomará alrededor de una hora, señor."

"Bien. Los Estados Unidos están bajo ataque. Le daré treinta minutos para cerrar este lugar y luego preséntese en nuestra sala de conferencias para una reunión."

"Entendido, señor."

Sin dudarlo, comencé a llamar a todos los soldados de la QRF. El mensaje era simple: "Dejen lo que estén haciendo, prepárense, recojan sus armas y reúnanse conmigo frente al cuartel general de la compañía".

Cerré el mensaje con una voz firme: "¡Esto no es un maldito ejercicio!" Necesitaba que supieran que cada segundo importaba.

Después de notificar al equipo completo, llamé a la oficina de la Policía Militar y coordiné nuestros esfuerzos con ellos para evitar que ambos equipos hicieran el mismo trabajo. Cerré el taller rápidamente y me dirigí al cuartel general de la compañía. La mitad del equipo ya estaba allí; el resto llegó minutos después.

El oficial ejecutivo (XO), el teniente primero Tingley, y yo teníamos un buen equipo de soldados para la QRF. Les repetí la misma información que me habían dado: que los Estados Unidos estaban bajo ataque. Los dividí en cuatro equipos y asigné a cada uno instrucciones y responsabilidades específicas.

Quince minutos ya habían pasado.

"Tenemos menos de quince minutos para cerrar este lugar y asegurar que todos aquí dentro estén protegidos. ¡Nadie entra a esta base sin nuestra autorización! ¡Nadie sale de esta base sin nuestra autorización! Estaré en la radio esperando que todos me reporten que sus áreas están seguras. ¿Alguna pregunta?"

"No, sargento."

"¡Muévanse, muévanse, muévanse!"

Todo el equipo hizo exactamente lo que había sido entrenado para hacer. El teniente y yo los habíamos preparado exhaustivamente para cualquier emergencia que la base pudiera necesitar. El hecho de que la base fuera considerada una especie de estación de espionaje nos obligaba a estar listos para todo. Aun así, es seguro decir que nunca imaginamos tener que usar la QRF para algo como lo que estaba ocurriendo ese día.

Aproximadamente doce minutos después, los cuatro equipos reportaron que sus áreas específicas estaban seguras. Un equipo permanecería en la entrada principal junto con la Policía Militar; un segundo equipo patrullaría dentro de la base; y los dos restantes patrullarían fuera del perímetro.

La Policía Militar ya estaba reportando la presencia de dos equipos de prensa afuera de la entrada principal. Debían mantenerse fuera de la base hasta nuevo aviso y no se les podía permitir apuntar sus cámaras hacia el interior del complejo.

Entré en la sala de conferencias y le di al teniente una actualización del estado de la base para el comandante. La televisión estaba encendida en el canal de la Red de las Fuerzas Armadas (AFN). Fue entonces cuando vi por primera vez las imágenes de los aviones estrellándose contra las Torres del World Trade Center. Los otros sargentos de pelotón y yo simplemente nos quedamos allí, impactados por lo que veíamos. Nos tomó unos momentos antes de sentarnos y continuar viendo las noticias mientras esperábamos a nuestro comandante. Nada de lo que habíamos hecho durante nuestras carreras militares nos había preparado para ver algo así. Ninguno de nosotros hubiera imaginado algo así. Se podría haber escuchado caer un alfiler en ese cuarto. El silencio era ensordecedor.

Cuando el comandante entró, apagó el televisor y comenzó la reunión. El teniente y yo estábamos a cargo de la QRF, así que ya teníamos nuestras órdenes en cuanto a la seguridad de la base y de todos en ella. Un equipo de doce soldados no sería suficiente para mantener operaciones de seguridad las veinticuatro horas del día. Tendríamos que recibir más personal. Se establecería un puesto de mando para la operación, el cual serviría como centro de control para todos los asuntos de seguridad. Se necesitarían patrullas móviles, guardias en la entrada para asistir a la Policía Militar en la inspección de vehículos y personal que entrara o saliera de la base.

Después de la reunión, revisé nuevamente a la QRF para asegurarme de que todos estuvieran bien. Les informé que tendríamos que permanecer de turno hasta que fuéramos relevados a la mañana siguiente. Sería una noche muy larga, y quería asegurarme de que estuvieran bien informados.

Luego regresé a mi oficina y comencé a llamar a las esposas de los soldados para informarles de la situación. Quería tranquilizarlas y hacerles saber que probablemente no verían a sus esposos hasta el día siguiente. Les pedí paciencia y apoyo. Por último, les advertí que sus esposos tendrían un horario extremadamente exigente durante las próximas semanas, si no meses.

Los primeros tres o cuatro días fueron extremadamente agitados. Nuestra base había sido señalada por un programa nacional de noticias como "la base de espionaje responsable de interceptar todas las comunicaciones de Al Qaeda". Los imbéciles del noticiero incluso pusieron un mapa de Alemania y señalaron nuestra ubicación exacta. La Estación Bad

Aibling acababa de convertirse en un objetivo en la televisión nacional para todo el mundo. A las pocas horas, los medios inundaron el área circundante y comenzaron a instalarse cerca de la base.

Todo tenía que ser reportado a nuestro comandante, quien a su vez debía informar todo a la cadena de mando. Cualquier intento de los medios por violar nuestra seguridad era manejado de inmediato. Todos estaban comprometidos con la misión. Aun así, todos los soldados involucrados en las operaciones de seguridad también tenían que cumplir con sus deberes regulares.

Yo aún tenía que dirigir el parque de vehículos, cuidar los barracones, administrar la unidad de asociación, y además había asumido las responsabilidades adicionales de sargento de abastecimiento porque el sargento asignado había sido transferido a su próxima unidad.

La aproximadamente una hora que pasé en aquella primera reunión con el comandante fue probablemente la única vez que pude ver las noticias. Recuerdo haber visto fragmentos durante las primeras dos semanas posteriores a los ataques, pero nunca tuve tiempo de sentarme a ver las imágenes o los reportes. No tenía tiempo. Así que todas las emociones crudas de ira, odio, desesperación y miedo que millones de personas sintieron durante ese primer año tras los ataques no me eran conocidas. Primero, no podía relacionarme completamente porque solo había visto un pequeño fragmento a través del canal AFN. Todas las conversaciones que surgían en los Estados Unidos simplemente no llegaban a mi entorno. Todos estábamos enfocados en la misión, y ninguno tenía tiempo para hablar sobre la terrible experiencia que vivían las personas en casa.

Si no estábamos físicamente realizando alguna tarea, estábamos documentando todo lo que hacíamos: actuar y reportar; actuar y reportar. Vivíamos en un torbellino constante de medidas de seguridad y reportes a la cadena de mando superior.

La primera vez que experimenté esas emociones crudas fue en 2009. Había viajado a Nueva York y, durante esa visita, entré al Museo del 9/11. Me inundó una oleada de emociones al escuchar el tráfico radial del día de los ataques. Más adelante, en 2011, viví una experiencia similar al ver todos los especiales televisivos del 9/11.

Algunas de las imágenes presentadas en esos especiales eran completamente nuevas para mí. Sentí como si estuviera viviendo la experiencia por primera vez, incluso diez años después. Una mezcla de emociones me envolvió mientras veía cada especial. Sentí ira, impotencia y, por alguna razón, culpa. No sé por qué sentía culpa. Tal vez era culpa por no estar en los Estados Unidos cuando todo ocurrió. Por no compartir la angustia colectiva que millones de estadounidenses vivieron durante y después de los ataques. En cierto modo, me sentí avergonzado. ¿Dónde estaba yo? ¿Qué estaba haciendo? ¿Por qué no recuerdo estas imágenes apareciendo en la pantalla de mi televisor?

Incluso ahora, veinticuatro años después, no puedo explicar lo que sentía o por qué lo sentía. Sé dónde estaba y sé lo que hacía, pero aun así me sentía culpable por no comprender la magnitud de lo ocurrido en 2001.

Capítulo 12

Mi último año en el ejército

En la primavera de 2002, el teniente primero Tingley y yo comenzamos a entrenar a un grupo de soldados para una marcha de cien millas con mochila que se lleva a cabo en Nijmegen, en los Países Bajos. El equipo tenía que permanecer unido y caminar veinticinco millas al día durante cuatro días. Cada uno tenía que llevar puesta una mochila de treinta libras. Este es un evento increíble que continúa llevándose a cabo hoy en día. Miles de civiles y grupos militares de varios países participan cada año. Las rutas te llevan por varios pueblos que habían sido ocupados por Alemania durante la Segunda Guerra Mundial. Durante la marcha, uno también cruza dos puentes clave de Nijmegen que desempeñaron un papel importante en la Operación Market Garden.

Mientras marchábamos, con nuestros uniformes de combate, nos encontramos con varias personas que habían sido niños durante la Segunda Guerra Mundial. Se sentaban o permanecían de pie a lo largo de la ruta y se acercaban para darnos flores y llenarnos de abrazos y besos. Esto era una muestra de agradecimiento por lo que nuestros soldados habían hecho por ellos durante la Gran Guerra. La ciudad de Nijmegen fue liberada por la División 82 Airborne. Ninguno de los miembros de nuestro equipo había nacido durante la guerra. Sin embargo, nos trataban como si hubiéramos liberado la ciudad.

Caminar veinticinco millas al día era algo difícil. La mayoría terminamos con ampollas y pies hinchados. Después de la marcha, no pude usar mis botas militares durante una semana porque mis pies estaban demasiado inflamados. Nos tomó algunos días poder caminar sin cojear.

Recuerdo que el teniente primero y yo caminábamos junto a nuestra formación de vez en cuando durante la marcha para compartir historias con nuestros soldados. Lo hacíamos con la intención de distraerlos del dolor que estaban sintiendo. Cantábamos cadencias para alentarnos mutuamente. Soldados y civiles de otros países participantes se unían de vez en cuando como una forma de estímulo.

Los meses que habíamos dedicado a entrenar para este evento definitivamente ayudaron y nos prepararon, pero aun así fue muy duro para todos nosotros.

Al final de cada día, el primer sargento Hodgkins trataba nuestros pies y atendía cualquier dolencia que tuviéramos. Después de recibir los cuidados médicos, todos nos dirigíamos a una carpa cervecera que había sido instalada para que todos pudiéramos relajarnos, descansar y seguir alentándonos para la marcha del día siguiente. Fue un logro increíble, y me siento honrado de haber sido parte de ese equipo. Esta marcha se realiza todos los años con cerca de cincuenta mil participantes o incluso más.

Haber ganado la insignia Edelweiss de Faist, haber recibido la Medalla de Honor Alemana en Bronce y completar con éxito la marcha de cien millas fueron logros inolvidables. No creí que nada más pudiera superar estas experiencias durante mi tiempo en Alemania.

Estaba muy equivocado.

Como viaje final antes de dejar el país y dirigirme a mi última estación de servicio, pude visitar las playas de Normandía. Siempre me ha fascinado la historia y, tal vez debido a mi carrera militar, he llegado a amar y apreciar la historia militar.

Antes de iniciar este viaje, leí todo lo que pude sobre la gran invasión que conduciría a la liberación de Francia y, finalmente, a la rendición de Alemania. Quedé asombrado con todo lo que leí. La manera en que nuestras unidades militares de élite nadaron hacia las playas para obtener muestras de arena y determinar si nuestro equipo podía llegar a tierra. El constante ir y venir de pronósticos meteorológicos para asegurar que nuestros soldados tuvieran la mejor oportunidad de éxito. Incluso aprender acerca de los acuerdos políticos que se negociaban a puerta cerrada entre los comandantes aliados fue interesante.

El viaje en sí fue una experiencia humilde. Ver lo que las Fuerzas Aliadas tuvieron que enfrentar mientras avanzaban hacia Omaha Beach y Pointe du Hoc era inimaginable. Los diversos cementerios alineados con las lápidas de nuestros héroes caídos eran sumamente melancólicos.

El resto de mi tiempo en Alemania estuvo lleno de parrilladas y fiestas de despedida con todos mis amigos. Había entrenado y servido junto a muchos de los soldados de la Compañía Charlie durante mis tres años allí. Me enorgullece decir que muchos de ellos se convirtieron en grandes amigos y aún mantengo contacto con algunos, gracias a las redes sociales. Dejar Alemania fue un momento muy triste. Ojalá hubiera podido quedarme al menos hasta que la base cerrara en 2004. Lamentablemente, como había decidido no re enlistar, no se me permitió terminar mi carrera militar allí.

Mi última estación de servicio fue Fort Riley, Kansas. Fui asignado nuevamente a una unidad de despliegue rápido, una unidad de infantería mecanizada, la Compañía de Cuartel General de la Primera Brigada, Primer Batallón, 16.º Regimiento de Infantería (HHC 1-16). Ahora formaba parte de la Primera División de Infantería, conocida como Big Red One.

Cuando llegué a Fort Riley, tenía un plan en mente. Además de ocuparme de todo mi proceso de salida del ejército, quería continuar mi educación universitaria y completar al menos un título de asociado, mientras trataba de averiguar qué empleo buscaría al salir del ejército.

Resultó que tenía dos grandes obstáculos frente a mí. El batallón al que fui asignado estaba programado para desplegarse a Irak a principios de 2004. Esto se convirtió en el principal problema durante mi último año de servicio. Mi primer sargento de compañía no quería autorizarme a asistir a clases nocturnas porque había decidido no re enlistar con el despliegue a Irak acercándose. Según él, debía comprometerme con la Big Red One y con el ejército para que él me permitiera asistir a la escuela.

Cuando me dijo esto por primera vez, quedé atónito. Este hombre no se había tomado el tiempo de averiguar si alguna vez había desplegado o estado en una zona caliente durante mi carrera. Me hablaba como si recién hubiera enlistado y nunca hubiera hecho nada por el ejército. Era un viejo testarudo que no iba a ser convencido de lo contrario y se negaba a firmar los documentos necesarios para que pudiera asistir a clases. Basta decir que, si hubiera cedido a su terquedad, me habría vuelto a enlistar y entrenado con la unidad para el próximo despliegue.

Aun así, no se me habría permitido asistir a la escuela para mi propio crecimiento y desarrollo profesional. En su mente, ser soldado era la única educación que necesitaba. A pesar de que yo seguía comprometido con entrenar a mis soldados para el despliegue, al primer sargento no le importaba. Ya había tomado su decisión. Ni siquiera me permitía hablar con el comandante de la compañía sobre la situación.

No tuve otra opción que escribir una carta al Congreso. Escribí a mi congresista explicándole la situación y mi historial militar. En la carta también expliqué que, incluso si no se me permitía asistir a la escuela, aun así dejaría el ejército en menos de un año. Incluso con nuestro despliegue a Irak, los soldados de logística como yo no estaban siendo obligados a permanecer en el servicio. No había nada que me impidiera salir. En esencia, no había nada que mi primer sargento pudiera hacer para mantenerme en el ejército.

Un mes después, mi comandante de compañía me llamó a su oficina. Quería hablar conmigo sobre la carta que había recibido de mi congresista. Le expliqué mi situación y le informé que había solicitado hablar con él en numerosas ocasiones, pero que el primer sargento no lo permitía. Cuando me preguntó si había algo que se pudiera hacer para convencerme de re enlistar, simplemente respondí que no. Ya había tomado mi decisión. La verdad es que ya la había tomado mientras todavía estaba en Alemania. Un par de semanas después, ya estaba tomando clases.

El segundo obstáculo que encontré fue mi comandante de batallón. Este hombre había creado una política según la cual, si no podíamos convencerlo de que teníamos un buen plan de empleo tras salir del ejército, él no firmaría nuestros documentos de salida. Aunque tenía buenas intenciones y quería asegurarse de que los soldados tuvieran un plan para la vida después del servicio, yo lo tomé como una bofetada en la cara.

Yo no era un niño que necesitara pedirle permiso para salir del ejército. Mi compromiso había terminado, y eso era todo lo que él debía considerar. ¿Por qué tenía que convencerlo de que tenía un buen plan? ¿Por qué le importaba? En ese momento estaba furioso. Nuevamente tuve que reunirme con el primer sargento, el comandante de la compañía e incluso el comandante de batallón para preguntar qué pasaría si no aprobaba mi plan. ¿Me obligaría a permanecer en el ejército?

Con el tiempo, creo que realmente tenía en mente el bienestar del soldado. Simplemente había expresado su política de manera confusa y estaba bajo presión para mantener a tantos soldados como fuera posible para el próximo despliegue. Al final, no me obligaron a quedarme más tiempo. Pude completar un título de asociado antes de salir del ejército y pude firmar mi salida de Fort Riley, Kansas, en octubre de 2003.

Capítulo 13

Ira y Depresión

Durante mi tiempo en Alemania, me convertí en alcohólico. Si no estaba trabajando, estaba bebiendo demasiado. Cuando llegué por primera vez a Alemania, tenía dificultades para dormir y sentía que tenía que beber para poder dormir cada noche. Esto se debía a que cargaba con dos emociones muy fuertes: la rabia y la depresión, y no sabía cómo manejarlas. No podía dejar de pensar en las cosas que había vivido mientras estaba desplegado en Bosnia. Solía pensar que eventualmente dejaría de tener pesadillas y de pensar en el despliegue por completo. No pude haber estado más equivocado.

Desconocido para todos los soldados a mi alrededor, estaba pasando por un momento muy difícil con la depresión y la ira. Cuando digo ira, me refiero a una rabia total. No sabía lo que me estaba pasando y no sabía cómo controlar estas emociones que me golpeaban cuando menos lo esperaba. Estaría bien un momento y completamente enfurecido o deprimido al siguiente. Al principio, lidié con ello como manejaba la mayoría de mis problemas en ese tiempo, simplemente me ponía a trabajar hasta el punto de agotarme. Tenía que mantener mi mente ocupada con algo que no fueran los sentimientos que me dominaban en ese momento.

Cuando eso no parecía funcionar, comencé a beber en exceso. No ayudaba mucho que realmente disfrutaba la cerveza alemana. Con el tiempo, sin embargo, la cerveza no era suficiente. Comencé a beber licor: ron, whisky, tequila, schnaps. Al estar en una instalación militar con un montón de soldados jóvenes, tenía acceso constante a cerveza y licor. Era conocido por simplemente agarrar botellas de whisky o tequila y tomármelas como si fueran agua. Ningún amigo mío podía ponerme una cerveza, un trago o una botella de licor enfrente porque desaparecía de inmediato.

Me gusta pensar que oculté la mayoría de mis problemas de mis amigos y del trabajo. Solo ellos podrían responder a esa pregunta ahora. Les he preguntado a algunos de ellos en varias ocasiones, pero temo que no han compartido sus verdaderos pensamientos sobre el asunto por miedo a ofenderme. Si tan solo ellos supieran cuánto me arrepiento de haberlos expuesto a la pesadilla en la que me había convertido.

Cuando las emociones comenzaron a abrumarme hasta el punto en que sentía que había perdido el control por completo, elegí contrarrestarlas entre sí.

¿Qué significa eso?

Bueno, cuando me sentía dominado por la depresión, pensaba en cualquier cosa que me hiciera enojar. Desafortunadamente, esa ira se convertía en un estado intensificado de rabia para mí. Lo contrario podría decirse de mi manera de contrarrestar mi rabia. Escuchaba música triste y recordaba algunos de los momentos más tristes de mi vida. Cosas que no podía controlar y que, sin embargo, seguía sintiendo culpa por ellas.

No puedo explicar por qué, pero puedo decir que, en ese momento, sentía que lo necesitaba para ganar algún sentido de control sobre mis propias emociones y pensamientos.

Otra forma de lidiar con mi ira era hacer ejercicio. Me había asignado una rutina de despertarme todas las mañanas a las cuatro en punto para ir al gimnasio y hacer ejercicio hasta alrededor de las cinco cuarenta y cinco. A las 6:00 a.m., me presentaba a las formaciones de la compañía y hacía entrenamiento físico con mis soldados. Las sesiones de ejercicio duraban hasta alrededor de las ocho de la mañana. La mayoría de los días, volvía al gimnasio a la hora del almuerzo y luego otra vez al final del día.

Eso era un total de cuatro entrenamientos al día, de lunes a viernes. Mis entrenamientos los fines de semana dependían completamente de qué tan ebrio me hubiera puesto el viernes y el sábado por la noche o si tenía un evento de la asociación alemana que me hubiera impedido emborracharme la noche anterior. En cualquier caso, aún hacía al menos dos entrenamientos los sábados y domingos.

Entrenaba cada grupo muscular todos los días. Tenía suficientes rutinas de entrenamiento para hacerlo. Todo esto se hacía con la intención de terminar el día exhausto y poder tener una noche decente de descanso. No quería volver a tener pesadillas. No quería pasar mis noches imaginando a los soldados en Bosnia llorando frente a mí o contándome sobre sus problemas para dormir. No podía detener las visiones de cuerpos desmoronándose en mis manos. No podía dejar de ver a niños disparándole a mi equipo mientras intentábamos rescatar a otros niños. Odiaba lo que estaba pasando.

Me despreciaba por tener esos pensamientos y no poder controlarlos.

Sin embargo, seguía recibiendo cartas de esos soldados diciéndome que estaban agradecidos por todo lo que había hecho por ellos. Agradecidos por haber estado allí en su momento de necesidad. Esto añadía más a mi depresión. En lugar de sentirme orgulloso por las cosas que estaba leyendo o me estaban diciendo, me sentía culpable por la manera en que estaba lidiando con mis propios demonios. Por tan en forma y fuerte que estaba en ese entonces, solo me veía a mí mismo como un individuo débil.

¿Cómo podían creer que me seguirían hasta el infierno si fuera necesario cuando yo me estaba desmoronando por dentro?

Mi mayor miedo era defraudar a algún soldado, así que me esforzaba cada día por ser lo mejor que podía delante de ellos. Esto era una tarea debilitante cuando me sentía miserable por dentro. Sentía que tenía que ocultar mis pensamientos y miedos más profundos de todos para poder seguir estando allí para ellos. Estaba luchando por coexistir como dos versiones de mí mismo: la persona luchando contra su propia aflicción y la persona que los soldados alrededor de mí pensaban que era.

Lo único en lo que podía confiar para ayudarme a lidiar con mis demonios internos era el trabajo mismo. Puede que fuera el trabajo lo que me obligaba a atravesarlo todo y no necesariamente que ayudara. Una vez más, esto solo podría ser respondido por las personas que estuvieron a mi alrededor durante ese tiempo. Personas como Chris, Buford, Henage, Williams, Cartier, Chialda, Dula y Mack, por nombrar algunos, son quienes llegaron a verme en mi peor momento.

Chris es probablemente con quien más confié que con cualquier otra persona, y sin embargo fue la única persona a la que terminé enviando al hospital después de uno de mis momentos de rabia. En lo que probablemente fue mi momento más oscuro, me embriagué por completo una noche en un club nocturno. Por lo que recuerdo, accidentalmente choqué con una mesa y derramé las bebidas de todos. Recuerdo haberme disculpado y haber pagado otra ronda para compensar mi torpeza borracha, pero los hombres de origen turco en esa mesa no eran aficionados de los soldados estadounidenses y no aceptaron mi disculpa ni la ronda de bebidas que les había comprado.

Así que comenzó la pelea. Debo haber golpeado y peleado con todos los que tenía cerca. Eso terminó desatando una pelea aún mayor con otras personas y más soldados. Terminamos cerrando el club esa noche, y aun así no fue suficiente. Seguía enojado con todo y con todos; Chris dijo algo o chocó conmigo, y simplemente comencé a golpearlo.

Al final de la noche, Chris estaba en el hospital y yo había dañado varios vehículos en el estacionamiento. Algunos de los soldados se habían reunido a mi alrededor y de alguna manera me metieron en un vehículo y me llevaron de regreso a la base. Una vez en la base y en la seguridad de mi propia habitación, me desmayé.

No supe que Chris había terminado en el hospital hasta la mañana siguiente. La culpa me golpeó fuerte una vez que me dijeron que yo había puesto a Chris en el hospital. Había perdido el control, había tocado fondo. Para empeorar las cosas, cuando fui a visitar a Chris al hospital, él estaba leyendo el libro *Band of Brothers*. Nos reímos de eso ahora, pero realmente me hizo sentir como la peor basura en ese entonces.

Chris y yo nos habíamos convertido en los mejores amigos. No había nada que no haríamos el uno por el otro. Éramos como hermanos.

Sin embargo, nada de eso importó en mi estado de embriaguez. La rabia que sentía dentro me había cegado y había tomado control por completo. Mi cadena de mando no tuvo más remedio que investigar todo el asunto y buscar castigo. Recuerdo a mi teniente y al Sargento de Estado Mayor Dula, mi sargento de pelotón, intentando lo mejor posible minimizar mi castigo.

Incluso Chris no les dijo a los de la policía militar que yo había sido quien lo puso en el hospital. Él seguía diciéndoles a la policía y a nuestra cadena de mando que no podía recordar quién había sido. Nunca podré agradecerles lo suficiente por tener el valor, e incluso la voluntad, de interceder por mí ante el comandante de la compañía y el resto de mi cadena.

No hace falta decir que yo estaba emocionalmente afectado y necesitaba ayuda. Sin embargo, las cosas que hice esa noche no podían quedar sin castigo. Además de perder mi estatus de elegible para la promoción a sargento de estado mayor, se me prohibió entrar al bar de la base. También se me negó la compra de alcohol en cualquier establecimiento y se me ordenó asistir a Alcohólicos Anónimos por un período que mi comandante de compañía determinaría.

Sin embargo, no fue el castigo lo que me obligó a despertar. Mi castigo duró alrededor de cuatro meses. Fue una lucha al principio. No podía enfrentarme a nadie sin sentirme culpable y, peor aún, como un fracaso. No, realmente no desperté hasta que el comandante de la compañía me llamó a su oficina para una reunión. Recuerdo esa reunión como si hubiera ocurrido ayer.

El primer sargento me había llamado y me dijo que me presentara de inmediato en su oficina. Cerré el taller y fui de inmediato. Después de presentarme ante él, me dijo que tomara asiento afuera de su oficina y esperara a que el comandante me llamara. Pasaron unos minutos antes de que el comandante abriera su puerta y me indicara que entrara.

"Siéntese, Sargento."

Mientras me sentaba frente a su escritorio, tomó una carpeta de registros militares y me la mostró.

"¿Sabe qué es esto?"

"Sí, señor. Parece ser el registro militar de alguien."

"No, Sargento Tinoco, este es su registro militar. Lo llamé hoy para que pudiéramos discutir lo que contiene."

Estaba desconcertado. Me preguntaba por qué.

"No es ningún secreto, Sargento, que he tenido a su sargento de pelotón, al primer sargento e incluso al XO de la compañía vigilándolo durante los últimos cuatro meses."

"No, señor. Han estado encima de mí prácticamente todos los días desde que comenzó mi castigo."

Dejó caer el registro militar directamente frente a mí.

"Todos sienten que usted ha aprendido su lección y que debo levantar el castigo impuesto."

Permanecí en silencio.

"Adelante y abra su archivo, Sargento."

Tomé el archivo y lo abrí como se me ordenó. Pude ver que varios documentos no estaban sujetos adecuadamente. Al pasar las páginas sueltas, vi mis órdenes de despliegue de Fort Hood a Bosnia, varios juegos de órdenes para medallas que me habían otorgado, los premios alemanes y, por último, las órdenes para la Insignia de Honor Alemana, que había sido gestionada por mis queridos amigos alemanes.

"Sargento Tinoco, ¿estaría de acuerdo conmigo si digo que tiene un problema con la bebida?"

Levanté la vista hacia él; seguía de pie. "Sí, señor."

"He hecho algunas llamadas y solo puedo suponer que Bosnia es la raíz de sus problemas, sobre todo de su abuso de alcohol. ¿Estoy en lo correcto?"

No sabía qué decir. Sabía que lo era; simplemente no podía o no quería decirlo en voz alta. ¿Cómo podría admitir que mi trabajo o el trabajo que había hecho era la causa de mi bebida? Se sentía como una excusa débil.

"No sé, señor."

Me miró. Solo podía adivinar que trataba de determinar si yo estaba mintiendo o si realmente no podía enfrentar la razón de mi explosividad.

"Bien, Sargento Tinoco. Permítame replantearle este asunto." Se detuvo para reunir sus pensamientos. Esperé.

"Sargento Tinoco, ¿quiere que todo por lo que ha trabajado y logrado en el ejército se vea disminuido o posiblemente incluso perdido debido a sus problemas con el alcohol? O mejor aún, ¿quiere que esta carpeta y todo lo que contiene no signifique absolutamente nada para el ejército ni para nadie que lo conozca bien debido a su comportamiento?"

Por supuesto que no quería eso. ¿Por qué me preguntaría eso?

"No, señor."

"Entonces le sugiero que se ponga las pilas, Sargento. ¡Muchos soldados lo admiran! ¡Muchos soldados dependen de usted! Otros suboficiales y oficiales le tienen un tremendo respeto. ¡Los soldados alemanes hablan muy bien de usted todo el tiempo! ¿Algo de esto significa algo para usted? ¿Las medallas en ese archivo significan algo para usted?"

"Sí, señor."

Mi voz se quebró un poco al responder. Por supuesto que todo eso significaba algo para mí. Era todo lo que tenía. Significaba todo para mí.

Finalmente se sentó y cambió su actitud. "Si levanto su castigo, ¿me arrepentiré de ello?"

No pude responder. Ni siquiera pude mirarlo. Mis ojos estaban fijos en mi archivo y su contenido. ¿Cómo podía alguien preguntar si alguna de esas cosas significaba algo para mí? ¿Es eso lo que los soldados se preguntaban cada vez que me veían? ¿Me estaban viendo como un fracaso? ¿Realmente me había perdido por completo?

Levanté la cabeza para mirar al comandante mientras comenzaba a temblar. Temblores de miedo y culpa. ¿Mi mayor miedo se había convertido en realidad? ¿Había fallado a todos los que me rodeaban? Podía sentir mi cuerpo calentarse mientras las lágrimas comenzaban a caer por mi rostro. Le sostuve la mirada al comandante.

"No, señor. ¡Nunca se arrepentirá de esto! ¡Esto nunca volverá a pasar!"

Me miró como si tratara de descifrar mis palabras. Mantuvimos la mirada fija el uno en el otro por lo que se sintió como una eternidad. Mi temblor se convirtió en una sacudida incontrolable. Finalmente, el comandante rompió el contacto visual, se puso de pie y caminó alrededor de su escritorio hacia mí.

Me puse de pie para enfrentarlo.

"Le creo, Sargento Tinoco, pero aún quiero que me prometa algo."

"¿Qué es, señor?"

"Prométame que nunca olvidará lo que contiene ese archivo. Prométame que pensará en ese archivo todos los días."

"Lo prometo, señor."

Me estrechó la mano con un agarre fuerte y firme y me dio una palmada en el hombro.

"Bien. Su castigo termina hoy. No se apresure a celebrar y no olvide lo que ha prometido."

"Gracias, señor. No lo olvidaré."

Fui despedido y me dirigí de regreso a mi oficina. Era un camino de diez minutos, pero se sintió como si me hubiera tomado una hora.

Durante todo el camino, lo único en lo que podía pensar era en mi archivo militar. Tenía que cambiar de alguna manera. No estaba seguro cómo, pero tenía que hacerlo. Los últimos cuatro meses habían sido una especie de revelación. No tenía que emborracharme y perder el control como solía hacerlo. Podía controlarlo. Podía ser tan disciplinado fuera de servicio como lo era en servicio.

Durante el resto de mi estadía en Alemania, sí salí a disfrutar bebidas con mis amigos; simplemente nunca volví a beber como antes. Creo que la única vez que volví a tomar licor fue en mi parrillada de despedida, y era un licor schnaps de ajo muy desagradable que habían traído los soldados alemanes.

Hoy, bebo socialmente. Puedo decir que me mantengo alejado del licor fuerte tanto como sea posible; he perdido el gusto por él y la "necesidad" de él también. Por supuesto, siempre hay una noche aquí y allá en que algunos de mis amigos me piden que tome un trago de tequila con ellos.

Esto probablemente ocurre solo unas pocas veces durante el año, y me he vuelto bastante hábil en decir que no.

Capítulo 14

La Patrulla Fronteriza

Unos meses antes de dejar Fort Riley, Kansas, y completar diez años de servicio militar, solicité ingresar a la Patrulla Fronteriza de los Estados Unidos (USBP). Realmente no sabía mucho sobre la Patrulla Fronteriza cuando primero presenté mi solicitud. Había investigado un poco y pensé que sería en mi mejor interés continuar con algún tipo de servicio gubernamental. Desafortunadamente, la USBP estaba en medio de una congelación de contrataciones de dos años cuando presenté mi solicitud. Pasaron exactamente dos años para que finalmente me llamaran y me ofrecieran un trabajo.

Durante ese tiempo, me había mudado a Temple, Texas, me había vuelto a casar y había tenido otro hijo. Mi hijo nació el 5 de mayo de 2005, Cinco de Mayo. Mi recién nacido fue nombrado en mi honor y nació alrededor de las 4:30 p. m.; habría sido increíble si realmente hubiera nacido a las 5:00 p. m. También había comenzado a trabajar como representante financiero en la empresa de telecomunicaciones Nextel. Fui ascendido a supervisor dentro de mi primer año de empleo.

Recuerdo que, unos meses antes de recibir la llamada de USBP, había empezado a hacer ejercicio y a correr de nuevo. Bueno, quizá correr es una palabra muy fuerte; estaba trotando. ¿Qué puedo decir? Todavía odiaba correr, y aun así solicité un trabajo donde tendría que correr detrás de personas. Qué genio.

Había momentos durante mi trote en los que recordaba mis últimos meses en el ejército. Durante esos meses, esperaba con ansias no tener que correr nunca más. No podía esperar a mi último día en el ejército;

me había dicho a mí mismo que nunca volvería a correr después de mi servicio militar. Lo odiaba tanto. Bueno, todavía lo hago. Cada vez que recordaba esos días, comenzaba a reírme de mí mismo mientras trotaba por la calle. Estoy seguro de que la gente que pasaba me veía riéndome y se preguntaba qué demonios me pasaba. ¿Quién no se preguntaría qué demonios tenía el mexicano que se reía mientras corría al lado del camino?

La patrulla me llamó durante los últimos días de octubre de 2005. Estaba en el trabajo cuando recibí la llamada telefónica. Me dieron dos opciones para estación de servicio: Laredo, Texas, o Falfurrias, Texas.

Sabía que Falfurrias sería lo más cerca que podría estar de mi ciudad natal, Weslaco, Texas, y ya había escuchado bastantes cosas malas sobre Laredo. La decisión fue fácil; seleccioné Falfurrias. Presenté mi renuncia en el trabajo y regresé al Valle del Río Grande en el sur de Texas dos semanas después.

Hice mi juramento de servicio el 14 de noviembre de 2005 y me presenté en la academia para capacitación en Artesia, Nuevo México, al día siguiente. El entrenamiento en la academia fue difícil. Tuvimos que aprender la ley de inmigración, la ley de nacionalidad, el español de la Patrulla Fronteriza (la terminología adecuada que se usa en el campo), entrenamiento físico, entrenamiento con armas de fuego, conducción de emergencia y técnicas de arresto.

Me atreveré a decir que las mismas travesuras que había vivido durante el curso de entrenamiento básico del ejército también se realizaron allí. La diferencia fue que se hizo de una manera mucho más políticamente correcta. De cualquier manera, algunas de las situaciones por las que pasé en la academia fueron bastante divertidas, cuando las recuerdo ahora.

Mi clase, la Sesión 606, estaba compuesta por cincuenta aprendices de todo el país, con la gran mayoría siendo realmente del estado de Texas. Nuestros instructores dividieron la clase en dos grupos, y a cada grupo se le asignó un líder de sección. El líder de sección siempre es un aprendiz de la misma clase que normalmente es seleccionado por los instructores de operaciones o de ley y, a veces, por el instructor de entrenamiento físico. Fui seleccionado para ser el líder de sección de mi grupo. Cuando intentas mantenerte enfocado en tus estudios y en todos los demás aspectos del entrenamiento en la academia, ser el líder de tu sección no es un trabajo fácil.

Todas las miradas siempre están sobre los aprendices, especialmente la nueva clase; así que si alguien de tu clase comete un error, el líder es el primero en ser reprendido por ello. Haber sido sargento en el ejército hizo mi tarea más fácil en lo que respecta a mantener a todos informados y en paso al marchar. Pero esto no era el ejército, y no podía simplemente gritarle a un individuo y esperar plena cooperación u obediencia. Todo lo que comentaba, ya fuera con el grupo o con alguien en específico, generaba un montón de respuestas. Las emociones y actitudes corrían altas para muchas personas en mi clase, y eso hizo que fueran cuatro meses muy interesantes.

El entrenamiento físico era la única clase donde siempre parecía meterme en algún tipo de problema. Recuerdo una mañana, durante nuestra carrera, estaba quedado atrás en mi sección, y uno de mis instructores se acercó a mí.

"Señor Tinoco, ¿no es usted el líder de sección de este grupo?"

"Roger that, sir!" (sí, señor)

"¿Quién diablos es Roger, señor Tinoco? ¿Alguna vez me presenté ante usted como Roger?"

"No, señor. Mal hábito del Ejército, señor."

"¡Santo cielo, señor Tinoco! ¿Me está diciendo que estuvo en el ejército y ni siquiera puede mantenerse al ritmo de su grupo?"

Mierda, no podía decirle que odiaba correr. Eso llevaría a otras locuras.

"No, señor. No estoy diciendo que no pueda mantener el ritmo."

"Ah, ¿no? ¡Entonces este debe ser su estilo de liderazgo! ¿Es eso? ¿Este es el tipo de líder que es? ¿Le gusta liderar desde la retaguardia?"

Siendo el cabrón sarcástico que soy, no pude evitarlo.

"Bueno, sí, señor. ¡De esta manera puedo mantener mis ojos en todo el grupo y ver cómo están!" Como quería reírme después de decir esto.

"¡Oh, mierda, señor Tinoco! ¿Me está diciendo que usted está aquí haciendo mi trabajo? ¿Está diciendo que no sé lo que demonios estoy haciendo como instructor de entrenamiento físico? ¡Oh, tengo algo para usted, señor!"

Tan pronto como terminó de decir eso, salió corriendo a toda velocidad para reunirse con el instructor principal de la clase. Un minuto después, todo el grupo estaba en la arena, haciendo flexiones, abdominales y patadas de tijera. El grupo sabía que yo había sido el que los metió en problemas. Nuestros instructores nunca fueron tímidos para dejarle saber a todo el grupo quién era la causa de su dolor.

Una semana después, estábamos dentro del cuarto de colchonetas, donde normalmente hacíamos calistenia. Ese día en particular, estábamos aprendiendo sobre la presencia del agente. Esta es nuestra primera forma de fuerza para tratar de efectuar un arresto. Debemos ser capaces de proyectar confianza y firmeza al dar órdenes verbales a un individuo.

Nuestro instructor principal nos estaba preguntando sobre un acrónimo específico. Uno que necesitábamos seguir siempre que estuviéramos tratando con un individuo que pudiera parecer hostil o cualquier persona que ya hubiéramos determinado que iba a ser arrestada.

"¿Puede alguien aquí decirme qué significa el acrónimo ATM?"

Nadie levantaba la mano. Siendo de ascendencia mexicana, sabía, como todos en la sala, que siempre usamos una frase cuando queremos expresar que algo o alguien es increíble o si una situación está "todo bien". En la mayoría de los casos, usamos la frase con su connotación más vulgar, que significaría "a toda madre". Así que levanté la mano; sabía la respuesta a esa pregunta.

"Señor Tinoco, ¿qué significa el acrónimo ATM?"

Sonreí con confianza al responder la pregunta. "Significa a toda madre, señor."

Podía escuchar a todos mis compañeros tratando de no reír mientras suprimían sus risitas. Incluso el instructor quería reír, pero no podía ya que debía mantener la profesionalidad y no quería perder el control de la situación. Después de todo, estábamos aprendiendo sobre la presencia del agente.

"Incorrecto, señor. El acrónimo significa ask, tell, make" (pedir, ordenar, obligar).

Bien, estaba muy equivocado con esa.

"Ask, tell, make" (pedir, ordenar, obligar) es lo que debemos seguir siempre que estamos a punto de efectuar un arresto o someter a un individuo. Esto se hace para minimizar nuestro uso real de fuerza en cualquier situación. Le pedimos al individuo que haga lo que queremos. Cuando eso no funciona, le decimos al individuo que haga lo que queremos. Y finalmente, si el individuo todavía no está cumpliendo, obligamos que el individuo haga lo que queremos (pedir, ordenar, obligar).

Mi entrenamiento continuó hasta finales de marzo de 2006. La clase en la que estaba perdió a varios aprendices en el proceso debido a problemas médicos y por no aprobar algunos de los exámenes. A lo largo del entrenamiento, hubo algunas ocasiones en las que me enojaba por algo estúpido que mis compañeros de clase habían hecho o si una deficiencia en particular ya había sido abordada y continuaban cometiendo los mismos errores. En esas ocasiones, solía dirigirme a la clase como si todavía fuera un sargento dirigiéndome a mis soldados. Sabía que no estaba logrando nada con ellos cuando me daban esas miradas atónitas que parecían preguntar: "¿Quién demonios es este tipo?" Cada vez que veía eso, recurría a un enfoque más sutil y todo estaría bien.

Nuestro entrenamiento no había terminado cuando nos graduamos. Todos fuimos enviados a nuestras respectivas estaciones de servicio, y todavía teníamos que someternos a entrenamiento adicional. Teníamos que aprender el área donde estábamos trabajando y nuestras diferentes operaciones.

Algunos de mis compañeros de clase habían sido asignados a estaciones fluviales que están ubicadas cerca del Río Grande. De los diez individuos que fueron asignados a la Estación de la Patrulla Fronteriza de Falfurrias, Texas, solo cinco de nosotros pasamos la academia. Al final de nuestro primer año en la estación, solo tres de nosotros permanecíamos.

Habíamos sido asignados al punto de revisión de inmigración más ocupado de la nación. Este punto de revisión está ubicado aproximadamente a trece millas al sur de Falfurrias, Texas, en la Carretera 281 y a unas setenta millas al norte de la frontera entre Estados Unidos y México. Al llegar a la estación, descubrimos rápidamente que teníamos que aprender sobre el monte (matorrales), las operaciones de rastreo de huellas, las operaciones en carretera, el procesamiento de extranjeros indocumentados y las operaciones del punto de revisión.

Algo inesperado ocurrió cuando regresé por primera vez a la ciudad de Weslaco, Texas. Fui a visitar a mi papá (abuelo). Quería pasar un tiempo con él, y tenía curiosidad por saber qué pensaba de mi nuevo trabajo. Mi madre me apoyaba, pero también estaba un poco preocupada. Ella todavía vivía en Reynosa, México, en ese momento, y no estaba muy segura de cómo abordar mi nuevo empleo. ¿Podía hablar de ello con sus amigas o el tema estaba completamente fuera de límites? ¿Qué pensarían sus amigas del hecho de que el trabajo de su único hijo era atrapar y deportar a mexicanos que vivían ilegalmente en los Estados Unidos?

No había considerado lo que mi familia pensaría sobre mi elección de carrera. Vivir tan cerca de la frontera y aún tener familia en México hacía las cosas un poco extrañas. En general, todos estaban felices de que finalmente regresaba a casa. Había estado fuera del Valle del Río Grande por doce años. Tenían sentimientos encontrados respecto al trabajo que ahora tenía. Por un lado, estaban orgullosos; por el otro, no estaban seguros de que debieran sentirse "emocionados" por ello.

El día que visité a mi papá, llegué con mi uniforme de Patrulla Fronteriza; quería sorprenderlo y también ver por mí mismo lo que pensaba sobre mi nuevo trabajo. Él todavía vivía en la misma casita donde él y mi abuela me habían criado. Lo encontré regando su pequeño jardín cuando me metí por la entrada. Se detuvo momentáneamente para ver quién había llegado y comenzó a sonreír una vez que se dio cuenta de que era yo. Abrí la puerta de mi camioneta, bajé y comencé a caminar hacia él.

Su sonrisa lentamente se convirtió en otra cosa. Algo que nunca le había visto. No era tristeza, no era miedo, y seguramente no era asombro. Realmente nunca había visto ni esperado esa expresión en la cara de mi papá; sin embargo, lentamente recuperó su color y su sonrisa cuando llegué a él, lo abracé y le di un beso en la mejilla.

Cuando terminamos el abrazo, me pidió que me sentara, y lo ayudé a acomodarse en su mecedora antes de sentarme yo mismo.

"¿Está bien, 'Apa?"

"Sí, mijo, pero recordé muchas cosas cuando te vi en uniforme."

Eso fue extraño para mí. No recordaba que mi papá jamás nos hubiera contado alguna historia de tratar con la Patrulla Fronteriza cuando era joven. Todos sabíamos que inicialmente había entrado ilegalmente a los Estados Unidos, pero luego hizo lo necesario para obtener su estatus de Residente Permanente y poder vivir y trabajar aquí sin temor a ser regresado a México.

"¿Qué recuerdos, 'Apa?"

Me miró como tratando de determinar si debía o no contarme los recuerdos que yo había revuelto para él. Fue un momento largo y silencioso, y podía notar que estaba luchando con su decisión. Mi papá siempre había sido un hombre de pocas palabras, pero nunca lo había visto luchar para encontrar palabras.

Se empezó a mecer en su silla mientras comenzaba a contarme sobre sus años más jóvenes como inmigrante indocumentado. Me dijo que entraba al país ilegalmente una vez cada dos semanas más o menos. Dijo que la mayoría de los agentes de la patrulla con los que se topaba o que alguna vez lo arrestaban eran bastante amables. Habló de cómo ninguno de los agentes le había dado alguna razón para temerles, pero aun así siempre se sentía aterrado cada vez que lo atrapaban.

"Ellos sabían que solo venía a trabajar. Unos de ellos ya me conocían y me llamaban por mi nombre cada vez que me miraban."

Habló por mucho tiempo sobre cómo tenía que usar diferentes puntos a lo largo del Río Grande para nadar y cruzar al país. Lo hacía con el fin de encontrar las áreas sin vigilancia y poder venir a trabajar.

"Cada día que me agarraban era un día perdido. Y cada día perdido era un día sin dinero para poder comer."

Mientras continuaba contándome sus historias, lágrimas comenzaron a rodar por su rostro. Se le quebraba la voz a veces, pero no dejaba de hablar. Era como si necesitara sacar esas cosas de su pecho. Como si hubiera guardado esos recuerdos toda su vida y por fin hubiera encontrado una vía para liberarse de ellos.

"Ellos nunca me trataron mal. Era como un juego de niños, un juego de escondite."

"Pero siempre les tuve miedo. Eran mucho más altos que yo, y cargaban unas pistolas grandísimas. También me daba mucho miedo porque los coyotes siempre nos decían que si La Migra nos pescaba, nos iban a golpear y tal vez matar. Nos decían que La Migra nos odiaba a los mexicanos."

Se detuvo momentáneamente para limpiarse las lágrimas y recuperar la compostura. Aproveché el momento para traerle un vaso de agua desde dentro de la casa. Parecía mucho más pequeña que cuando vivía allí. Entrar y luego salir de la casa fue una sensación extraña, casi irreal. Me miró cuando le entregué el vaso de agua y sonrió.

En ese instante, recordé nuestro corto viaje el día que me había comprado mi primer carro. Vi ese mismo sentido de calma y asombro que había visto hace tantos años cuando tenía solo diecisiete. Estuve a punto de derrumbarme. Me contuve.

Cuando me senté de nuevo, bebió un poco de agua y luego se inclinó hacia mí. Puso su vaso de agua en el suelo y tomó mis manos.

"Estoy contento por ti, mijo. Estoy orgulloso de ti. Te digo estas cosas porque yo te vi crecer y sé que tú vas a ser igual de bueno como aquellos oficiales que me pescaban a mí."

Todas las cosas que había enfrentado en mi vida hasta ese momento nunca me habían preparado para el inmenso flujo de emociones que me atravesó en ese instante. Me derrumbé junto con él mientras seguía sonriéndome. Imágenes de nosotros cosechando en Michigan pasaron por mi mente. Recuerdos de mañanas frías cosechando naranjas y toronjas en el Valle del Río Grande también surgieron. El argumento de mi abuela, que me impidió unirme a los Marines, volvió a aparecer. Tantos días y noches extrañando a mi madre mientras yo estaba aquí y ella se quedaba en México, luchando por sobrevivir sola. Miré nuestra casa, una casita tan pequeña; ¿cómo era posible que ocho de nosotros viviéramos y crecimos en esa casa?

Estaba temblando al volverme hacia mi papá. Su sonrisa amorosa seguía brillando en su rostro. Este hombre frágil pero fuerte que me obligó a aprender tanto desde joven. Este hombre que inculcó su ética de trabajo en mí.

Él también había luchado para que sus hijos vivieran una vida mejor que la suya.

Él también había roto el ciclo de sus propios padres tomando tantos riesgos al venir a Estados Unidos.

Él también había dejado a sus padres y hermanos atrás en busca de algo mejor.

Habíamos sido pobres y humildes durante muchos años. Aun así, él había encontrado una vida mejor.

Mirándolo en ese instante, finalmente lo comprendí, y creo que, viéndome en uniforme en ese momento, él también finalmente lo comprendió. Toda mi vida, había luchado tanto contra mi familia para hacer más, para salir de la casa y de mi pueblo para ver si el mundo ofrecía una vida mejor. Todo ese tiempo, mis abuelos habían estado haciendo lo mismo.

Yo era—no, **soy** el hijo menor de mi abuelo, y soy exactamente como él.

Esta revelación fue dolorosamente abrumadora. Mi abuelo, mi papá, había sido una de las personas más fuertes que jamás conocí. Él había luchado conmigo en tantas cosas mientras crecía. Me había puesto tantos obstáculos en el camino, y siempre encontraba la manera de superarlos. Todo lo que estaba haciendo era prepararme para las luchas que me esperaban. Decir que estoy eternamente agradecido no expresa ni de cerca lo que siento. Todos esos años pensé que estaba viendo a alguien y encontrando fallas que quería superar o mejorar. Resultó que estaba viendo a alguien a quien quería emular; quería ser exactamente como él.

Sin saberlo yo ese día, sería puesto a prueba por un viejo conocido de la familia y vecino de mucho tiempo. En los meses siguientes, seguí aprendiendo más sobre mi propio trabajo. Todo era entrenamiento en el trabajo, y realmente estaba disfrutando todo lo que hacía. Iba a visitar a mi papá de vez en cuando y le compartía mis propias historias. Él siempre se reía con algunas de ellas y, por supuesto, también me advertía sobre otras.

Una cosa sobre nuestro trabajo como agentes es que podemos ser reconocidos en cualquier momento. Hay veces en que ese reconocimiento puede ser algo bueno, y luego hay veces en que puede ser algo malo.

Creo que, para muchos de nosotros, esto se volvió evidente después de que el canal National Geographic transmitió la serie de televisión *Border Wars*. Esta serie mostró muchos rescates, arrestos y casos que los agentes de la Agencia de Aduanas y Protección Fronteriza enfrentan a diario. Trabajar en un retén con tanto tráfico solo aumenta la cantidad de ocasiones en que un agente es reconocido.

La parte del trabajo en el retén puede ser bastante estresante al principio. Los vehículos llegan al retén mientras continúan conduciendo hacia el interior del país. Durante su parada temporal, realizamos nuestra inspección migratoria. La inspección en sí toma menos de un minuto; en la mayoría de los casos, toma aproximadamente de veinte a treinta segundos para completar. Durante ese corto tiempo, debemos realizar una inspección visual de los ocupantes, el vehículo y todos los artículos visibles dentro. Mientras lo hacemos, también preguntamos sobre la naturaleza de su viaje y su estatus migratorio en el país. ¿Son ciudadanos de los Estados Unidos y, si no, tienen los documentos migratorios necesarios que les permitan estar o permanecer en el país?

La parte estresante del trabajo es poder establecer algún tipo de sospecha de que algo anda mal. ¿Los documentos migratorios son falsificados o no? ¿Los portadores de esos documentos son los dueños reales o son impostores? ¿Todos en el vehículo están respondiendo honestamente a las preguntas del agente? ¿Las respuestas de los ocupantes y la imagen completa que están proyectando al agente coinciden o están en sincronía? Todas estas preguntas y más se abordan a toda velocidad y, por lo tanto, puede ser bastante estresante y frustrante cuando uno está aprendiendo el oficio.

El agente que realiza la inspección trabaja junto con un manejador canino de la Patrulla Fronteriza. El manejador canino permite que su compañero, el canino, olfatee el exterior del vehículo en busca de un olor particular para el cual el canino ha sido entrenado. Si se detecta uno de esos olores específicos, el canino alertará y nos otorgará la causa probable necesaria para registrar físicamente el vehículo y sus ocupantes. Si esto sucede, el vehículo es enviado a un área designada para una inspección secundaria. Durante esa inspección, debemos confirmar o descartar la sospecha que se desarrolló en la inspección primaria cuando inicialmente hicimos contacto con el vehículo y sus ocupantes.

Hace unos años, un viejo conocido de la familia me había visto en uniforme o me había visto en el trabajo un día y decidió hacerme saber sus intenciones estúpidas. Aparentemente, el hombre había ido a la escuela con uno de mis hermanos y conocía a toda mi familia. Una noche, mientras visitaba a mi papá, este idiota decidió detenerse en la casa justo cuando me estaba preparando para irme. Me subí a mi camioneta y noté que un vehículo se detuvo detrás de mí y me bloqueó para que no pudiera salir de la entrada de la casa de mi papá.

"¡Tinoco! ¡Hey, Tinoco!"

Me pregunté quién era y no pensé mucho en ello ya que la persona estaba gritando mi nombre y yo estaba visitando la vieja colonia. Así que me bajé de mi camioneta y caminé hacia el vehículo que me bloqueaba.

Resultó ser un viejo vecino nuestro de cuando yo era niño. Llegué a su ventana del pasajero, que ya estaba abierta, y lo saludé de nuevo.

"Hey, Tinoco. ¿Visitando a tu papá?"

"Sí, hombre. ¿Qué pasa?"

"No mucho, hombre, vi que estabas aquí y decidí pasar para hablar."

Eso era extraño. Nuestras familias nunca se habían llevado bien. Mis abuelos no nos permitían juntarnos con ellos cuando éramos niños. La razón era que se dedicaban al negocio de vender marihuana.

"¿Sí? ¿Hablar de qué?"

"Bueno, es curioso cómo resultan las cosas en la vida, ¿no?"

"¿Qué quieres decir?"

"Quiero decir, aquí estoy yo, haciendo lo que hago, manteniendo el negocio familiar, y ahí estás tú trabajando en el retén por el que tengo que pasar todo el tiempo."

Había empezado a irritarme. Podía sentir cómo la ira se acumulaba en mí mientras escuchaba al idiota.

"Supongo que puedes verlo así."

Se río fuerte. Yo no veía qué carajos tenía de gracioso.

"¡Bueno, señor agente de la Migra! ¡Déjame decirte algo!"

Se inclinó más hacia la ventana del pasajero con una enorme y estúpida sonrisa en la cara.

"Sé que tu papá vive aquí solo. También sé dónde viven todos tus hermanos y tu hermana. Así que de ahora en adelante, cada vez que pase por tu retén, más vale que me dejen pasar directo. ¿Entiendes, pinche Migra?"

Me tomó todo para controlar la rabia que recorrió mi cuerpo en ese momento. Me repetía que estuviera tranquilo, calmado. Acababa de

185

comenzar esta carrera, y lo último que necesitaba era que me despidieran por darle una paliza a un desgraciado. No podía creer que ese pedazo de mierda acababa de amenazar a toda mi familia y justo afuera de la casa de mi papá.

Con una voz controlada pero tensa, respondí a su amenaza.

"Mira, estúpido. Me vale madre que sepas dónde vive toda mi familia. Me valen madre tú y el resto de tu pinche familia de mierda. Pero si alguna vez pasas por mi retén, será mejor que no traigas nada que no debas, porque voy a jalar tu pinche tráiler a un lado y revisar cada pinche pulgada de él. ¿Me entendiste idiota?"

Retrocedió un poco. No creo que esperaba esa respuesta de mi parte.

"¿Así que así va a ser, pinche Migra?"

"Exactamente así va a ser, cabrón. Si te agarro con algo en el retén, te voy a arrestar por ser todo un estúpido."

"Bueno, ya veremos, Tinoco."

Puso su camioneta en marcha y se fue a toda velocidad. No podía creer lo que acababa de pasar. Estaba temblando de coraje. La adrenalina estaba por las nubes y me tomó unos momentos recuperar la compostura. Mi papá había escuchado el vehículo irse y salió de la casa.

"¿Quién era, mijo?"

"Era un idiota, 'Apa."

Caminé hacia él y le expliqué lo que había pasado. Le dije que llamaría al trabajo para reportar el incidente. Le pedí que no se preocupara y le dije que todo se arreglaría. De alguna manera, me creyó.

Al salir de su casa, llamé de inmediato a uno de mis supervisores del trabajo. Le informé lo que había sucedido y le pregunté qué más necesitaba hacer. Me dijo que no me preocupara hasta que regresara al trabajo al día siguiente. Me dijo que escribiera todo en un memorando al día siguiente y se lo entregara. Luego llamé a uno de mis hermanos y le conté también.

Le pregunté si sabía el nombre completo del idiota. Afortunadamente, sí lo sabía. Lo anoté y me lo llevé al trabajo al día siguiente.

En la estación, volví a informar a mi supervisor del incidente y revisamos el memorando juntos una vez que estuvo terminado. Lo leyó, lo envió por la cadena de mando, y ellos a su vez contactaron a otras agencias locales del orden público para pedir asistencia.

Quince minutos después, mi supervisor me informó que una de las otras agencias había respondido. Habían leído el memorando e ingresado el nombre del idiota en su base de datos. Tenían una imagen disponible y querían que fuera a ver si podía identificar al hombre que había hecho la amenaza. Mi supervisor y yo fuimos a su oficina y nos reunimos con un oficial. Intercambiamos saludos y rápidamente me mostraron una foto. Era, de hecho, ese mismo idiota. Aparentemente, ya había sido arrestado antes por transportar narcóticos. El oficial dijo que lo investigarían y me pidió que lo notificara de inmediato si volvía a encontrarme con ese hombre.

Pasó una semana, y mientras revisaba el tráfico en el retén, el mismo hombre llegó a mi carril para una inspección. El cabrón me vio y comenzó a reírse, queriendo hablar como si nada hubiera pasado entre nosotros. Mantuve el encuentro profesional, realicé mi inspección y luego llamé a un supervisor por la radio. Justo ocurrió que mi supervisor de operaciones de campo (FOS) había pasado por el retén para ver cómo iban las cosas ese día. Caminó hacia mi carril de inspección. Me hice a un lado momentáneamente y le informé que el tipo en el tráiler era la misma persona que había amenazado a toda mi familia la semana anterior. Con eso dicho, el tráiler fue dirigido al área de inspección secundaria y todo fue revisado de nuevo. Revisaron toda la unidad. No encontraron nada.

Tan pronto como mi FOS y los demás agentes terminaron de registrar el vehículo, el tipo fue liberado y se le permitió continuar su camino. Mi supervisor llamó nuevamente a la agencia local y les notificó del incidente. Todos pensamos lo mismo: que el cabrón probablemente había decidido ponerme a prueba para ver si solo lo dejaría pasar sin realizar una inspección real. Bueno, no creo que obtuvo el resultado que buscaba.

Unos días después, el oficial llamó al retén preguntando por mí. El oficial quería que mi supervisor y yo regresáramos a su oficina. Inmediatamente subimos a una de nuestras unidades y manejamos hacia allá. Al llegar, el oficial que había tomado mi caso nos informó. Dijo que el tipo había sido visto en su residencia y que estábamos a punto de ir a visitarlo. Nos dijo que en ningún momento debíamos salir de nuestro vehículo; a menos que fuera por seguridad de un oficial, debíamos permanecer dentro del vehículo todo el tiempo.

Para mi sorpresa, nos unimos a una fila enorme de vehículos de diferentes agencias policiales. Parecía que toda la comunidad del orden público del Valle del Río Grande era parte de la caravana que se dirigía a la residencia del idiota. Cuando llegamos, mi supervisor y yo permanecimos en nuestro vehículo mientras todos los demás se bajaban. Habíamos llenado esa calle con vehículos del gobierno. Fue extraño estar de regreso en mi vieja colonia en una "capacidad laboral". En pocos minutos, comenzó a escucharse mucho alboroto desde la residencia. Se escuchaban muchas maldiciones, gritos y algunas cosas rompiéndose adentro.

Luego, como si nada hubiera pasado, todos los oficiales regresaron a sus vehículos. Nadie fue sacado de la residencia. El oficial se acercó a nuestro vehículo y nos dijo que ese tipo nunca volvería a molestarme a mí ni a nadie de mi familia. El idiota se había convertido en un objetivo, y todos los involucrados creían que caminaría por una línea muy recta de ahí en adelante. No puedo decir que el tipo no haya hecho nada ilegal desde ese día, pero sí puedo decir que nunca se ha acercado a nadie de mi familia desde entonces. La Patrulla Fronteriza me respaldó y se encargó de la amenaza con la ayuda de todas las demás agencias policiales del área.

Hay muchos que creen que la agencia no los protegerá. Hay muchos que creen que la corrupción es comprensible cuando la vida y la familia de un agente están siendo amenazadas.

Yo creo que están equivocados.

Capítulo 15

TinMan / El Hombre de Hojalata

En el ejército, y estoy igual de seguro de que, en cada línea de trabajo en el país y posiblemente en el mundo, se les dan apodos a los individuos ya sea por su personalidad, por algo grandioso que han logrado, o incluso por algo estúpido.

En la Patrulla Fronteriza no es diferente. Conozco agentes que han ganado apodos como Spooky, Jake the Snake, Spider-Man, Highpockets, Tiny, Tali, El Dude, Chief e incluso M&M, solo por nombrar algunos. La mayoría de sus historias son graciosas, mientras que otras son simples representaciones de la persona que ha ganado ese apodo en particular. M&M, por ejemplo, siempre se utiliza para esos agentes a quienes simplemente les encanta contar mentiras sobre todas las grandes cosas que han hecho o todas las personas importantes que conocen. Usamos el acrónimo M&M para Mil Mentiras. Esos agentes son graciosos porque, no importa qué historia de guerra se cuente, ellos siempre tienen una mejor. Han hecho algo superior, han pasado por algo peor o conocen a alguien que los supera. No podemos evitar escuchar sus tonterías porque siempre queremos ver hasta dónde van con sus historias.

La mayoría de las veces, sin embargo, los agentes ganan apodos por hacer o decir algo estúpido. Esos siempre son los buenos nombres y probablemente los más memorables. Tengo un compañero de la Academia de la Patrulla Fronteriza a quien apodamos Puss in Boots – El Gato con Botas. El origen de su nombre viene de una noche de viernes borracha en la academia. Las puertas de nuestros dormitorios se cerraban automáticamente apenas se cerraban, así que siempre teníamos que llevar nuestras llaves. Una mañana, este compañero salió a la máquina de hielo con nada más que su bóxer y sus botas.

Sí, se le olvidó llevar su llave. Al pobre hombre no le ayudaron por un buen rato. Como sus compañeros de clase, teníamos que, por supuesto, ignorar sus súplicas cada vez que venía a nuestros dormitorios, golpeando nuestras puertas y ventanas para que lo dejáramos entrar. Lo dejamos afuera en su bóxer y botas por un rato. El apodo se le quedó desde entonces.

Jake the Snake es otro nombre que se ganó por uno de esos momentos vergonzosos. Este agente es un buen tipo y trabajador; desafortunadamente, tuvo una experiencia extraña en el campo y ganó su nombre. Para empeorar las cosas, el pobre hombre ni siquiera se llama Jake.

Cuando era aprendiz, estaba en el monte siguiendo un grupo de extranjeros indocumentados con sus compañeros y su oficial de entrenamiento en el campo. Lograron alcanzarlos, pero tuvieron que darles alcance cuando todos comenzaron a correr alejándose de los agentes.

Muchos agentes sujetan su micrófono de radio al chaleco del uniforme. Pero cuando empiezan a correr, ese micrófono tiende a soltarse y caer. Afortunadamente, el cable que conecta el micrófono a la radio de mano hace que cuelgue libremente mientras corren o caminan.

Durante esta persecución en particular, el micrófono del agente sí se soltó y estaba colgando de su cintura mientras corría detrás de los indocumentados. Mientras corría, el agente sintió algo golpeándole la pierna repetidamente. Esto le causó pánico, pensando que era una serpiente que intentaba atacarlo, y comenzó a saltar arriba y abajo histéricamente mientras gritaba: "¡Serpiente, serpiente, serpiente!" Su FTO se acercó para ver qué estaba pasando y poco después se dio cuenta de que el micrófono suelto era la temida serpiente. Así nació Jake the Snake.

Yo he ganado el apodo Tinman (hombre de hojalata). Me han llamado Tinman desde que puedo recordar. La verdadera razón detrás del nombre se ha perdido a través de las muchas variaciones de la historia. Un tema ha permanecido constante, sin embargo. El Tinman no tiene corazón.

Con el tiempo, incluso yo he cambiado la razón detrás de mi apodo. Sin embargo, hay algo de verdad en mi versión de la historia. Puede decirse que me dieron este apodo simplemente por las primeras tres letras de mi apellido, Tinoco. En lugar de llamarme por mi nombre real, los agentes eligieron llamarme Tinman. Esto ayuda al hecho de que mucha gente tiene problemas para pronunciar mi apellido.

También puede decirse que simplemente soy una persona mala. Lo cual, en muchos casos, lo soy. Se sabe que soy un cabrón cuando se trata de esperar que las personas hagan lo correcto. Muchos de nosotros trabajamos en esta gran agencia. No debería haber razón alguna para que cualquier agente se salga con la suya por no trabajar. Simplemente no tengo respeto por individuos perezosos o por individuos que son capaces de hablar para evitar el trabajo real todos los días. Especialmente cuando les hubiera tomado mucho menos tiempo y esfuerzo simplemente hacer el trabajo. Para esos individuos, sí, soy un cabrón. Los lamebotas, personas que eligen besar traseros todo el camino hacia arriba en la cadena, también tienen un tiempo bastante difícil lidiando conmigo.

Si pedirle a una persona que haga su parte y haga el trabajo que juró hacer me convierte en una persona sin corazón, entonces sí, definitivamente no tengo corazón. Si llamar a una persona por no hacer su trabajo constantemente y luego mentirle a la administración sobre todo el arduo trabajo que ha hecho me convierte en una persona sin corazón, entonces sí, no tengo corazón. Si mantener a un nuevo agente o aprendiz a un estándar alto y esperar que desempeñe sus funciones adecuadamente me convierte en una persona sin corazón, entonces sí, soy ese Tinman sin corazón.

Algunos agentes realmente me describen como una persona callada. Algunos se reirían de esta afirmación, incluida mi esposa. Algunos saben que soy bastante callado hasta que llega el momento de que salga la locura. Como en cualquier lugar, hay mucho cotorreo en la patrulla. Algunos agentes dan golpes rápidos cuando están dando carrilla. Por lo general, aprenden a la mala cuál es mi manera de responder. Me han dicho que, cuando alguien me lanza un golpe, yo regreso lanzando golpes fuertes. Una vez más, estos asuntos es mejor dejarlos a los que me rodean. Solo puedo expresar las cosas que me dicen y que escucho de vez en cuando. En cualquier caso, todo es en buena diversión.

La historia que me gusta es la de ser un cabrón con los criminales locales con los que nos encontramos a diario, especialmente con aquellos con los que trataba cuando trabajaba en el retén de Falfurrias.

Cuando un agente se encuentra con un caso de contrabando, ya sea trata de personas o narcóticos, depende de ese agente y su compañero manejador de caninos entrevistar a todos los involucrados y desarrollar un caso lo suficientemente fuerte para el procesamiento penal. Algunos criminales son fáciles de entrevistar y realmente son bastante abiertos con todos los hechos del acto criminal que cometieron. Otros son un poco más difíciles de quebrar.

Yo realmente hacía lo posible por lograr que los criminales lloraran y luego me dieran voluntariamente todos los hechos relacionados con su crimen. Nada de esto se hacía usando fuerza. Todo se hacía mediante conversación. Algunas de las conversaciones eran sin corazón, por supuesto. Era a través del uso efectivo de esas conversaciones e interrogatorios sin corazón que lograba que lloraran y revelaran todo lo necesario para procesarlos.

Sin embargo, la verdad fundamental detrás de mi apodo proviene de mi primer arresto relacionado con documentos migratorios fraudulentos.

Como agentes de la Patrulla Fronteriza, se nos exige aprender todo lo posible sobre todos los documentos migratorios que se utilizan hoy día. Debemos conocer sus características de seguridad, sus tipografías específicas, esquemas de color, diseños, formatos de información y tener un entendimiento profundo de qué individuos deben portar un documento específico para estar o permanecer en los Estados Unidos.

Encontrarse con un documento y escanearlo rápidamente para determinar su legitimidad y luego comparar la imagen de la persona en el documento con el individuo real que lo presenta puede ser una tarea bastante abrumadora. Es importante recordar que los agentes que trabajan en el retén no tienen todo el día para revisar un documento. Todo sucede a alta velocidad. Esto es más evidente cuando se revisan autobuses comerciales con veinte o más pasajeros a bordo.

Todavía era considerado aprendiz cuando ocurrió este arresto en particular. Había abordado un autobús comercial para realizar una inspección migratoria de todos sus pasajeros. Mientras pedía a los pasajeros sus documentos migratorios me di cuenta de lo abrumadora que era la situación. Era bastante nuevo en el trabajo y quería demostrarme ante los agentes veteranos de mi unidad. Seguía tomando y escaneando visualmente documentos mientras avanzaba por el autobús, cuestionando individuos e intentando observar todo y a todos a bordo. Entonces, me encontré con un documento que sabía que era falso. La adrenalina comenzó a fluir por mi cuerpo cuando me emocioné por haber encontrado mi primer documento falso.

En mi estado de emoción, no logré detectar ni controlar una reacción humana básica. Me dio visión de túnel y fallé en controlarla.

Seguía mirando el documento, sabiendo que era falso. Miraba al individuo que me lo había presentado, pero realmente no veía al individuo. Visión de túnel - visión enfocada en un solo punto. Me lancé al ataque mientras la adrenalina aún corría alta por mi cuerpo. La persona que presentó el documento falso era una mujer. Le informé al otro agente en el autobús conmigo que la llevaba dentro por el documento falso. El agente solo me miró como si estuviera loco. Aún no captaba su reacción ni lo que estaba ocurriendo. Me había fijado en el documento falso y nada más me importaba.

Mi compañero continuó inspeccionando el resto del autobús mientras yo le pedía a la mujer que recogiera sus pertenencias y me siguiera fuera del autobús. Una vez fuera, la escolté a través de los carriles de tráfico hacia el retén. Cada agente que estaba trabajando afuera seguía mirándome mientras yo la escoltaba. Es seguro decir que incluso el público que pasaba manejando después de ser liberado de la inspección primaria me miraba y se preguntaba: ¿qué demonios? Cuando nos acercamos a la entrada del retén, varios agentes estaban afuera junto a la puerta, y ellos también me daban esa mirada de "¿Qué carajos?"

Cuando la llevé al retén, todos los agentes comenzaron a llamarme la atención.

"Caray, Tinoco! No tienes corazón, hermano."

"¡Qué frío, Tinoco!"

"¿Qué demonios, hombre? Eres un cabrón, hermano."

La mujer que había bajado del autobús por presentar un documento migratorio falso resultó ser una anciana de más de sesenta años.

Sí, arresté a una abuela.

En mi defensa, ¡podría haber sido la Bruja Malvada del Este!

Sin corazón.

Tinman.

Capítulo 16

Falfurrias / Falcatraz

La Estación de la Patrulla Fronteriza de Falfurrias es un lugar único. El trabajo allí es diferente a cualquier otra cosa que haya encontrado. Los agentes pueden patrullar varios ranchos grandes, entre ellos algunos muy conocidos, como el King Ranch, Cage Ranch, La India, Mariposa, Jones Ranch y Vickers Ranch. Trabajar en estos ranchos y otros puede ser peligroso a veces. Muchos extranjeros indocumentados (UDAs) han perecido dentro de algunos de esos ranchos en su intento de evadir el Retén de la Patrulla Fronteriza de Falfurrias. Se arriesgan a caminar por el monte alto, con la esperanza de evitar el arresto y, finalmente, la expulsión a su país de origen.

Personas de todo el mundo se arriesgan a pasar por esos ranchos, sin saber que los traficantes de personas a quienes les han pagado no se preocupan por ellos. Esos pedazos de mierda sólo se preocupan por el dinero que están ganando. Engañan a la gente sobre sus posibilidades de supervivencia. Algunos de ellos violan a mujeres de todas las edades mientras las llevan por el monte rumbo a lo que ellas esperan sea una vida mejor. Estos contrabandistas también mantienen a personas como rehenes para sacar más dinero de sus familias.

La mayoría de los guías del monte van drogados con algún tipo de narcótico para que la caminata rápida por el monte no les afecte tanto. Sin embargo, los UDAs (extranjeros indocumentados) que vienen detrás deben soportar la caminata con una cantidad mínima de agua y comida. Me he encontrado con grupos de UDAs que se habían quedado sin agua y habían recurrido a beber agua sucia utilizada por el ganado en los ranchos. Si una persona se lastima durante la caminata o no puede mantenerse al ritmo del grupo, la dejan atrás para valerse por sí misma. Algunos logran llegar a la carretera principal y son recogidos por nosotros, mientras que otros no tienen tanta suerte.

Algunas de esas personas que no pueden salir de los ranchos terminan perdiendo la vida debido a la deshidratación, el agotamiento, el hambre y, a veces, debido a una lesión que habían sufrido durante la caminata.

Sí, a los contrabandistas, que son más comúnmente conocidos como coyotes, nunca les importa una persona que sufre una lesión. También los dejan atrás para valerse por sí mismos. Hay varias personas que tienen la suerte de conservar sus teléfonos móviles. Si alguna vez son abandonados o no pueden mantenerse al ritmo del guía del monte, pueden hacer una llamada al 911 para pedir ayuda.

Cada vez que alguna de nuestras estaciones de la Patrulla Fronteriza recibe una llamada al 911 de un UDA que está perdido en el monte, hacemos lo mejor posible para localizar a esas personas. Todos los recursos disponibles se utilizan para buscar y, con suerte, rescatar a esas personas.

Una de las mejores habilidades que un agente puede desarrollar para el monte es la de interpretar y seguir rastros. Algunas de las áreas en las que he trabajado son lugares bastante desolados y bastante difíciles de acceder con un vehículo. También usamos vehículos todo terreno, pero con tantos ranchos distintos, las cercas que los separan se vuelven un obstáculo constante que nos retrasa. Interpretar y seguir rastros es algo que disfruté mucho mientras trabajaba en la estación de Falfurrias.

Encontrar el rastro de un individuo es sólo el comienzo del desafío. Como agentes, debemos ser capaces de determinar rápidamente si las huellas que estamos viendo son recientes o si ese grupo se fue hace tiempo. Si determinamos que son recientes, comenzamos a rastrearlos. Seguir el rastro de un grupo de personas les permite a los agentes entender todo lo que ellas atraviesan para tratar de eludirnos. Pasamos por el mismo terreno por el que ellos pasan. Puede ser arenoso, puede ser una zona pantanosa, un cauce de río bastante seco, y también puede ser un monte extremadamente denso.

Las operaciones nocturnas se vuelven aún más desafiantes. Debemos practicar la disciplina de luz y ruido tanto como sea posible. A veces encendemos la luz brevemente para asegurarnos de que seguimos el rastro del grupo. El problema es que una luz brillante puede verse desde grandes distancias en plena noche.

El uso de vehículos todo terreno vuelve inútil cualquier intento de disciplina de ruido; un grupo de extranjeros indocumentados puede escucharnos venir desde una milla de distancia. Por eso debemos determinar rápidamente la antigüedad de las huellas y rastrearlas lo más rápido posible, ya que nuestros faros y el ruido nos delatan y perdemos el elemento sorpresa.

La comunicación constante con nuestros compañeros y con cualquier otro recurso que trabaje con nosotros es fundamental. A veces es lo único que puede salvarnos el trasero cuando nos encontramos en una situación que requiere refuerzos.

Como agentes de la Patrulla Fronteriza, rastrear y alcanzar a un grupo puede significar que terminemos efectuando el arresto de diez o más personas nosotros solos. Y aquí es donde nuestra presencia realmente importa. Nunca sabemos a quién estamos arrestando. A diario detenemos a personas con extensos antecedentes criminales. También tratamos con delincuentes sexuales, miembros de pandillas peligrosas como MS-13 y personas con órdenes activas por distintos delitos.

No todos los que rastreamos, alcanzamos y detenemos vienen con la simple intención de trabajar.

Incluso las personas sin antecedentes criminales pueden convertirse en encuentros peligrosos. Es importante entender que quienes tratamos a diario lo han dejado todo en sus países de origen. La mayoría ha vendido todo lo que poseía para poder pagar su entrada a los Estados Unidos.

Al final, un agente de la Patrulla Fronteriza es el último obstáculo que los separa de su destino y de sus sueños de una vida mejor. Esto puede, y la mayoría de las veces se convierte en un momento final de desesperación para ellos. Su arresto significa que han sacrificado todo solo para ser devueltos a su país de origen.

Muchos están dispuestos a pelear a través de ese momento… y a pelear contra nosotros.

El grupo más grande que detuve fue de cincuenta y cuatro personas. No lo detuve solo; estaba trabajando con otros agentes y entre todos pudimos reunirlos. Ese día estaba con dos agentes veteranos, Rubén y Wiley, cuando el retén recibió una llamada informando que varias minivans habían dejado a un grupo numeroso de personas en la Carretera 77. No teníamos una ubicación exacta, así que los tres tuvimos que cortar rastro a lo largo del camino. Cada uno conducía solo en su propio vehículo.

Después de unos minutos rastreando, encontré algunas huellas y llamé a Rubén para que las verificara y confirmara si eran recientes. Yo era bastante nuevo en ese entonces y me sentía más cómodo pidiéndole ayuda a Rubén; él ya tenía más de quince años de servicio. Rubén manejó hasta mi ubicación, revisó las huellas y me dijo que no parecían nada calientes. En este caso, "caliente" significaba reciente.

Rubén era bueno con las frases cortas. Cada vez que encontraba rastro reciente, lo anunciaba por la radio con su ya famosa línea: "caliente como galletas recién horneadas en la mañana".

Como Rubén había dicho que el rastro no era reciente, seguimos buscando otras huellas. Después de unos minutos sin encontrar nada más en los alrededores, decidí regresar al rastro que le había mostrado. Una vez allí, pensé que no tenía nada que perder y comencé a seguirlo. Recuerdo decirle por la radio que lo iba a avanzar un poco para ver si llevaba a algo.

Bajé de mi vehículo, verifiqué mi equipo, brinqué la cerca y entré al rancho para empezar a rastrear. Cuanto más caminaba, más "caliente" se volvía el rastro. Llamé a Rubén nuevamente y le dije que estaba mejorando conforme lo seguía. Él me respondió que continuara y que trataría de adelantarse en su vehículo para ver si encontraba las mismas huellas más adelante.

Después de unos veinte minutos, vi que el rastro entraba en un *motte* de árboles (una pequeña agrupación de árboles). La cubierta densa que formaban arriba era ideal para esconderse, y normalmente encontramos grupos descansando o refugiándose bajo un buen conjunto de árboles.

En ese momento, el retén anunció por la radio que se había solicitado apoyo aéreo para ayudarnos en la búsqueda y que venía en camino.

Seguí el rastro hacia el *motte* de árboles y anuncié mi ubicación a Rubén y a Wiley. Me tomó unos quince minutos más llegar a los árboles; ya podía escuchar el helicóptero acercándose. El monte alrededor del *motte* era bastante denso. Me agaché para entrar y, de inmediato, vi cuatro cuerpos acostados dentro. Tuve visión de túnel y me lancé.

Al llegar hasta ellos, me di cuenta de que estaban dormidos. Rápidamente me senté sobre dos de los cuerpos mientras agarraba a los otros dos por el cuello. Se sobresaltaron y quedaron en shock. Solté a uno para poder anunciar mi ubicación por la radio. Y, mientras tomaba el micrófono, lo noté: cuerpos. Cuerpos por todas partes. Estaba rodeado debajo de ese *motte*.

Llamé de inmediato al helicóptero —al que solíamos referirnos como Fox.

"Fox 23A, aquí Fox 2212. ¡Tengo al grupo debajo del *motte*! Repito, ¡todo el grupo está debajo del *motte*!"

El piloto respondió al instante:

"Hey, 2212. Necesitamos que salgas del *motte* para poder tener visual. Los árboles en esta área están bastante densos. No tenemos visual en este momento."

¡Mierda, mierda, mierda!

Tenía que pensar rápido. No podía permitir que el grupo me viera entrar en pánico. ¿Y cómo no iba a hacerlo? Era mi primer grupo grande, y estaba completamente solo. A mi alrededor, solo veía cuerpos por todas partes. La adrenalina estaba al máximo.

Miré hacia el punto por donde me había arrastrado y decidí que debía salir por el mismo lugar para que el helicóptero pudiera verme. El problema era que no quería soltar a los hombres que ya tenía sujetos, ni permitir que el resto se dispersara. Hice lo posible por recuperar la compostura, controlar la adrenalina y dirigirme hacia el grupo.

"¡Nadie se mueva, Patrulla Fronteriza!" "¡No intenten correr! ¡Están rodeados! ¡Tenemos un helicóptero!"

Ellos no sabían que, en ese momento, solo estaba yo. Fingí… y funcionó.

"Fox 23A, aquí Fox 2212. Estoy saliendo del *motte* con dos cuerpos."

Agarré a dos de los hombres por la ropa y los arrastré conmigo hacia afuera. Todo el tiempo seguía ordenándole al resto del grupo que no se moviera. Cuando salí del *motte* con los dos cuerpos, busqué el helicóptero. ¡No podía verlo! ¡Mierda!

Seguí jalándolos hasta llegar a un pequeño claro entre los árboles. Ordené a los dos que se acostaran boca abajo y permanecieran así mientras intentaba localizar el helicóptero y hacerle señas.

"Fox 23A, estoy en un claro. Puedo escucharlos cerca."

Siguieron volando por un minuto más hasta que finalmente me localizaron. Les seguí apuntando hacia el *motte* mientras les decía por la radio que había un grupo grande debajo de los árboles. Confirmaron que ya tenían visual de mí y comenzaron a guiar a Rubén y a Wiley hacia mi ubicación.

Cuando todo terminó, teníamos un total de cincuenta y cuatro UDAs con nosotros.

Hay muchas ocasiones en las que cualquiera de mis compañeros, hombres o mujeres, se encuentra en situaciones similares. En la mayoría de los casos, hacemos todo lo posible por tener a un compañero cerca que nos apoye y nos respalde. Tenemos un trabajo peligroso e ingrato. Solo nosotros sabemos exactamente cómo pueden ponerse las cosas mientras rastreamos a una persona o a un grupo. La incertidumbre de no saber con qué tipo de individuo nos encontraremos es algo con lo que lidiamos todos los días.

¿Son personas que solo buscan una vida mejor y desean entrar a Estados Unidos para trabajar? ¿Son criminales en sus países de origen que intentan evadir a su propio gobierno o a la policía? ¿Son extranjeros criminales indocumentados con extensos historiales delictivos que ya han sido expulsados de Estados Unidos? Y, por último, ¿son terroristas o individuos con intención de cometer actos terroristas en este país?

La realidad es que, cuando los encontramos por primera vez en el campo, en la carretera, en una terminal de autobuses, en un aeropuerto o en el retén, no lo sabemos.

Como agentes de la Patrulla Fronteriza, tampoco sabemos si sienten que ya lo han perdido todo y están dispuestos a lastimarnos con tal de evadir el arresto. No aprendemos nada sobre ellos hasta que comenzamos el proceso de expulsión. Sin embargo, todos estos grupos de personas tienen la capacidad y el potencial de pelear en cualquier momento.

Los rescates sí ocurren a diario. He participado en rescates en zonas desoladas o densamente arboladas dentro de los ranchos, en la carretera y en el retén. Como ocurre en casi cualquier trabajo policial, nunca hay un momento aburrido y ningún día es igual al anterior.

Uno de esos rescates que recuerdo tuvo lugar en la Carretera 281. Es común ver vehículos de la Patrulla Fronteriza en esa carretera a cualquier hora del día o de la noche. La razón es que se trata de una ruta principal para el tráfico ilícito que intenta avanzar más al norte, más dentro de Estados Unidos.

En los últimos diez años, otras agencias también han aumentado su presencia, como los Policías Estatales del Departamento de Seguridad Pública de Texas y la policía del Condado de Brooks. Gracias a nuestros esfuerzos combinados hemos podido rescatar a muchos UDAs y obstaculizar las operaciones ilícitas que constantemente nos apuntan tanto en la carretera como en el monte.

Una noche, estaba trabajando operaciones en la carretera junto con otros agentes. La estación había recibido información de un ciudadano preocupado: un vehículo utilitario deportivo (SUV) azul oscuro, con llantas gruesas y rines cromados, se dirigía al norte por la Carretera 281 con la intención de dejar un cargamento de UDAs en algún punto al sur del retén. Esto sucede a diario; de esa manera, los coyotes pueden guiar a su "carga" a través del monte para evadir el retén y ser recogidos al norte.

Teníamos una unidad posicionada a unas quince millas al sur del retén. Los agentes en esa unidad estaban atentos al SUV. Una vez que lo localizaran, debían seguirlo hacia el norte y notificarnos a los demás que trabajábamos en la carretera. El plan era que, eventualmente, todos estableciéramos contacto con el SUV y lo escoltáramos fuera de la carretera de manera segura para realizar una inspección migratoria y determinar si, en efecto, se trataba del vehículo de carga.

Cerca de las diez de la noche, la unidad más al sur informó que había localizado un SUV que coincidía con la descripción. Los agentes comenzaron a seguirlo mientras otras dos unidades y yo nos posicionábamos más al norte, intentando interceptarlo y realizar una parada de tráfico segura.

Poco después, dos agentes en otro vehículo lograron acercarse tanto al SUV como a la unidad que lo seguía. Una patrulla quedó directamente detrás del SUV y la otra se colocó a su lado, del lado del conductor. Por la radio, uno de los agentes anunció que podía ver a muchas personas dentro del vehículo. Ya casi no teníamos duda: ese tenía que ser el vehículo de carga.

El SUV empezó a desacelerar bruscamente mientras continuaba hacia el norte. Los agentes reportaban su velocidad y avisaban que el vehículo avanzaba extremadamente lento, pero aun así no se detenía. Todos los vehículos ya tenían activadas las luces y las sirenas, y aun así el SUV no reaccionaba.

Yo estaba más adelante en la carretera, estacionado en el acotamiento, esperando. Desde ahí podía ver las luces rojas y azules acercándose mientras las unidades seguían al SUV. Cuando la caravana se aproximó a mi ubicación, escuché a un agente gritar por la radio:

"¡Unidad al frente, muévete! ¡No hay conductor en el SUV! ¡Repito, no hay conductor en el SUV!"

Me tomó un segundo reaccionar. ¿Qué carajos quería decir con que no había conductor en el SUV? Cuando finalmente entendí el mensaje, puse mi vehículo en marcha de inmediato y me moví. La caravana estaba a unos quince pies de mí cuando salí disparado de mi posición. Mientras avanzaba, vi a un agente saliendo por la ventana del pasajero de una patrulla e intentando saltar hacia el SUV. ¿Qué demonios estaba pasando?

Segundos después, el SUV se detuvo y los agentes salieron de nuestras unidades corriendo hacia él para contener a todos los ocupantes y asegurarnos de que estuvieran a salvo. Uno de los agentes ya estaba sentado en el asiento del conductor. Una vez que confirmamos que nadie había huido, comenzamos a sacar a cada persona, una por una, y las hicimos sentarse lejos de la carretera. Siempre hacemos esto para obtener un conteo preciso y comenzar una inspección visual para asegurarnos de que nadie esté herido.

Escuché a un agente preguntar qué había pasado con el conductor. Nadie respondía. Me acerqué al vehículo y comencé a inspeccionarlo junto con otros compañeros. Fue entonces cuando uno de ellos encontró un zapato atascado debajo del pedal del acelerador. Inmediatamente nos dirigimos al grupo y empezamos a buscar a alguien que estuviera descalzo.

Encontramos a nuestro conductor.

Ahora teníamos un caso claro, y pudimos procesarlo no solo por el contrabando de UDAs, sino también por el riesgo mortal en el que había puesto sus vidas. Ese SUV pudo haber girado hacia otro vehículo o estrellarse contra un árbol con catorce personas dentro.

Esa noche había un total de catorce personas en el SUV.

Nunca hay un momento aburrido.

Los rescates en el retén son aún más comunes. Probablemente no pasa un solo día sin que los agentes encuentren personas escondidas en las cajuelas de los vehículos bajo un calor extremo. Hubo una ocasión en la que rescatamos a un hombre que se estaba quemando cerca del motor de una camioneta. Los contrabandistas habían cambiado el motor original por uno más pequeño para crear un espacio entre la parrilla delantera y el radiador, lo suficiente para meter a una persona. Ninguno de nosotros podía creerlo cuando lo vimos escondido allí.

He encontrado personas ocultas dentro de cajas de bocinas, debajo de tablones del piso, en remolques para caballos, dentro de compartimentos modificados en remolques de carga e incluso dentro del armazón de un remolque plano. Los agentes que trabajan cerca del Río Grande ven algunas de las mismas tácticas despiadadas utilizadas por los contrabandistas. Muchas de las personas que cruzan ese río no saben nadar bien, y los coyotes se aprovechan de eso, sabiendo que un agente hará lo que sea necesario para evitar que alguien se ahogue. En cuanto el agente se enfoca en salvar a la persona, el coyote aprovecha para escapar.

Recuerdo que una vez un hombre arrojó a un niño sobre un nopal. Lo hizo con la única intención de mantenernos ocupados rescatando al niño mientras él huía. A lo largo de los años, he visto a personas mostrar poco o ningún respeto por la seguridad de los demás con tal de alejarse de nosotros.

Uno pensaría que, después de diez años en la Patrulla Fronteriza, ya me habría acostumbrado a ver cosas así. Pero, por difícil que sea creerlo, la gente siempre encuentra la manera de sorprendernos con situaciones que nunca imaginamos. Me atrevo a decir que esperamos ver algo loco cada día… pero nunca sabemos qué tan loco será hasta que sucede.

Aunque enfrentamos situaciones serias todos los días, también tenemos muchos momentos alegres en la patrulla. Recuerdo uno que involucró a dos buenos amigos míos, Santiago y George. Una noche, mientras trabajaban el turno de medianoche en el retén, a estos dos valientes compañeros los asignaron juntos para realizar operaciones en la carretera. Hay momentos durante el turno de medianoche que pueden ser sorprendentemente pacíficos y tranquilos; este era uno de ellos.

En el retén, todos monitoreamos la radio del servicio las 24 horas del día, los 7 días de la semana, para escuchar cualquier solicitud de los agentes en el campo o en la carretera y transmitir información importante mientras manejamos el tráfico. Nuestros vehículos oficiales también están equipados con una radio del servicio, cuyo micrófono normalmente se coloca junto a la pierna derecha del conductor.

Eso, a veces, crea un problema: el botón para hablar puede quedarse presionado contra la pierna sin que el conductor se dé cuenta. Cuando eso ocurre, el micrófono se queda transmitiendo, y toda la estación, el retén y la sala de radio terminan escuchando todo lo que se diga dentro de ese vehículo oficial.

Esa noche en particular estaba extremadamente tranquila por alguna razón. Los que estábamos en el retén seguíamos procesando personas, pero el ambiente se sentía calmado, y la radio parecía sonar un poco más fuerte de lo habitual. Todo estaba en paz… hasta que escuchamos a Santiago entrar por la radio, hablando con George.

"Hombre, es tan grande. Mira esta cosa."

El retén ya estaba silencioso de por sí, pero en el momento en que escuchamos esa frase salir por la radio, se habría podido oír caer un alfiler.

Entonces George respondió: "Bro, solo métGelo en tu boca."

Normalmente, cuando algún agente tiene una situación de "micrófono abierto"—cuando presiona el botón de Hablar sin darse cuenta— interrumpimos de inmediato por la radio del servicio para avisarle y que ajuste el micrófono.

Pero esa noche, nadie en el retén ni en la estación estaba haciendo eso. La conversación entre Santiago y George era demasiado graciosa como para interrumpirla.

Santiago volvió a hablar: "Bro, esto es demasiada carne. No creo ni siquiera que quepa en mi boca."

George respondió: "Dude, no me digas que vas a dejar que todo eso se desperdicie. Solo inténtalo."

Santiago insistió:"George, probablemente me ahogue con esto, hombre. Apenas puedo rodearlo con mi mano."

George, impaciente:"Deja de jugar y solo hazlo. No es tan grande como parece."

A esas alturas, todos en el retén intentábamos contener la risa, pero aun así nadie interrumpía la transmisión.

Santiago continuó:"Voy a tener que ir despacio con esta cosa, hombre. Es demasiado."

Y George remató:"Bro, solo métdo en tu boca y disfruta esa maldita cosa."

La radio quedó en silencio por unos segundos. Todos esperábamos la siguiente joya. Entonces George volvió a hablar:"¿En serio vas a dejar que toda esa carne se desperdicie?"

Santiago respondió:"Sí, no cabe. Ya lo viste."

En ese momento, escuchamos sonar un teléfono celular y luego a George contestando. Un minuto después, silencio total en la radio.

Aparentemente, en la sala de radio también estaban escuchando… y decidieron llamarlos para avisarles de su "micrófono abierto".

Siempre hay alguien que tiene que arruinar algo bueno.

Más tarde, Santiago y George vinieron al retén para explicarnos lo que había pasado. Por supuesto, recibieron todo tipo de burlas por su conversación. Según ellos, Santiago tenía un sándwich enorme, con demasiada carne, y al final decidió quitarle un poco para poder comérselo.

Parecían sinceros en su explicación… y es posible.

Quiero decir, estoy seguro de que todos hemos tenido momentos en los que nuestra pareja nos empaca demasiada comida para el almuerzo.

Capítulo 17

Más pérdidas, caninos y entrenamiento

Después de tres años en la Patrulla Fronteriza, volví a sufrir una pérdida. Una mañana recibí una llamada de uno de mis hermanos: mi papá había fallecido. No supe cómo reaccionar al principio. Por un lado, no podía creerlo; por el otro, sentí una culpa enorme. Ni siquiera podía recordar cuál había sido nuestra última conversación… y aún hoy no puedo. Por muchas razones —y a la vez sin ninguna en particular— mis visitas con él se habían vuelto menos frecuentes.

Digo *sin ninguna razón* porque, al perderlo para siempre, cualquier explicación posible parece insignificante y hasta tonta. Después de todo, él fue el hombre que me crió. El que me enseñó su ética de trabajo. Aquel del que, años después, comprendí que había sido mi modelo a seguir. Las conversaciones que disfrutaba con él ya no existirían. Ahora solo quedan los recuerdos.

Podría culpar al trabajo por turnos y a la falta de tiempo para ir a visitarlo. Podría decir que el poco tiempo libre que tenía debía pasarlo con mi familia y con mi hijo menor. Y aunque el trabajo por turnos es difícil para nosotros y para nuestras familias, sabía entonces —como sé ahora— que esa no era la razón de mis visitas esporádicas. No tengo una explicación válida; solo puedo decir que así ocurrió, y que debo vivir con ello.

La noticia de su fallecimiento llegó en un momento en el que ya estaba pasando por un periodo difícil, tanto en el trabajo como en mi hogar. En la patrulla me sentía estancado y buscaba algo que me mantuviera activo y motivado. Ya había participado en varias operaciones en la carretera y en el monte, pero necesitaba una salida distinta para mantenerme enfocado. En casa, las cosas tampoco iban bien. Sin saberlo entonces, unos meses después del fallecimiento de mi papá terminaría separado y, finalmente, divorciado.

Una vez más sentí que lo había perdido todo. Fue una etapa oscura, sin duda. Pero esta vez era más sabio: no sentí la necesidad de volver a beber. Sabía que había trabajado demasiado duro por la carrera que tenía. Solo necesitaba volver a ordenar mi vida para poder seguir adelante.

La estación de Falfurrias estaba en proceso de aumentar su número de manejadores caninos. Antes de postularme, tuve que pensar seriamente en algo: no había tenido un perro desde que tenía seis años. No sabía nada sobre cuidar uno, mucho menos trabajar con uno. Sabía que el Centro de Entrenamiento Canino en El Paso, Texas, me capacitaría y me guiaría en el proceso de ser emparejado con un canino. Aun así, no estaba seguro de que realmente pudiera hacerlo.

Mi mayor preocupación tenía que ver con mi papá. Ahora que soy padre, entiendo que a veces los padres pueden exagerar en sus intentos de demostrar cuánto se preocupan por sus hijos. Y también entiendo que, en ese esfuerzo por hacerlos felices, podemos desarrollar visión de túnel y perder de vista el impacto real de nuestras acciones. El incidente del perro con mi papá es el ejemplo perfecto. Sé que nunca quiso asustarme. Sé que, en su mente, estaba haciendo lo correcto. Pero las cosas no salieron como él esperaba… y terminé sin querer tener un perro nunca más.

Tenía seis años, recién empezando el primer grado, cuando mis padres consiguieron un perro para mí. Era un pastor alemán. Pero había una condición importante, y mi papá hablaba completamente en serio.

"Este es tu perro," me dijo. "Nadie más lo va cuidar. Si algo le pasa, es porque tú no lo cuidaste."

Yo estaba feliz porque me habían dado un perro. Pero, ¿de verdad creía él que estaba escuchando y entendiendo su discurso sobre responsabilidad? ¿Que sabía lo que implicaba cuidar de un animal?

En resumen: sí, él lo creía.

Nuestra pequeña casa no estaba completamente cercada. ¿Por qué lo estaría? No teníamos dinero para eso. Así que parte de mis nuevas responsabilidades por tener un perro era asegurarme cada mañana de que estuviera seguro y no pudiera escaparse o salir a la calle mientras yo estaba en la escuela. Recuerdo salir al patio trasero antes de tomar el autobús escolar para revisarlo y asegurarme de que tuviera suficiente agua y comida.

Una mañana iba tarde. Tenía que caminar hasta el final de la calle para tomar el autobús, y sabía que me iría mal si lo perdía. Si eso pasaba, mi papá tendría que llevarme a la escuela, lo que significaba llegar tarde al trabajo… y menos tiempo en el campo siempre significaba menos dinero ganado. Así que me fui sin revisar al perro.

Esa tarde, cuando regresé, mi papá estaba afuera esperándome. Me acerqué, lo saludé con un beso en la mejilla y entré a cambiarme. Al salir, me pidió que me sentara.

"¿Qué te dije sobre el perro?"

"Que yo lo tenía que cuidar."

"¿Y lo checaste en la mañana?"

"No, 'Apa. Tenía miedo de perder el bus."

"Pues el perro andaba suelto y salió a la calle. Lo atropelló un carro."

No podía creerlo. Miré hacia la calle. Estaba vacía, por supuesto; mi papá ya había quitado al perro muerto. *Mi* perro, muerto. Recuerdo haber llorado y sentir un dolor profundo. Mi papá me abrazó fuerte, intentando consolarme. Mientras sollozaba, escuché abrirse la puerta de mosquitero. Mi abuela salió y también se acercó para calmarme. En su intento, ambos me prometieron que me conseguirían otro perro.

"Sí, mijo, yo te traigo otro perro. Nomás dinos qué tipo quieres y yo voy por él."

Me limpié las lágrimas.

"Yo quiero un dóberman."

Ambos se miraron, confundidos.

"¿Qué tipo de perro es ese?"

"Es un perro flaco y negro, con orejas picudas y la cola cortita."

"Está bien," dijo mi papá. "Quédate aquí en la casa mientras voy a buscarte ese perro."

Me animé un poco. Todo estaría bien. Tendría otra mascota para jugar. Entré con mi abuela mientras mi papá se subía a la camioneta y se iba a buscar mi dóberman. No sabía adónde iba; me imaginé una tienda que vendiera perros.

Unas dos horas después, regresó. Yo estaba tan emocionado que ni siquiera pensé en preguntarle adónde había ido. Salí corriendo al pequeño porche y lo vi bajar de la camioneta, abrir la camper y sacar al perro.

Era un perro negro pequeño. Lo observé atentamente mientras mi papá lo acercaba. Él tenía una gran sonrisa; debía sentirse orgulloso de estar a punto de hacerme muy feliz. Pero la expresión en mi rostro lo desconcertó.

"¿Qué pasa? ¿No te gusta el perro?"

"Sí, 'Apa… pero ese no es un dóberman."

"¿Cómo que no? Es negro, como dijiste."

"Sí, pero no tiene las orejas picudas ni la cola cortita."

Mi papá miró al perro en sus brazos, luego me miró nuevamente con esa sonrisa confiada.

"No se preocupe, mijo. Eso ahorita lo arreglamos."

Él me entregó el perro y regresó a su troca para sacar unas herramientas. Yo estaba distraído jugando con el perro y no noté qué había tomado exactamente. Unos minutos después volvió, tomó al perro de mis brazos y vi unas tijeras en su mano.

"Ahora, Sergio. Necesito que lo sostengas fuerte mientras trabajo. ¡Que no se mueva!"

¿Qué? ¿Para qué? No entendía lo que estaba pasando, y tampoco pregunté. Antes de darme cuenta, mi papá estaba cortándole las orejas al perro para dejarlas puntiagudas, justo como las de un dóberman.

El perro empezó a llorar y a forcejear entre mis manos. Yo comencé a llorar y gritar en cuanto vi las tijeras cerrarse sobre su oreja y la sangre empezar a salir. Estaba aterrorizado.

¿Por qué le estaba haciendo esto al perro?

¿Por qué me estaba pidiendo que lo ayudara?

"¡Que lo cuides, te digo! ¡No dejes que se mueva tanto!"

Mi papá fue rápido con las tijeras. En cuestión de segundos, terminó lo que yo solo podía ver como el acto de un científico loco. Yo quería soltar al perro desesperadamente. Ya no quería sostenerlo.

Ya no quería al perro. No así.

Mi abuela debió haberme escuchado llorar porque salió corriendo de la casa. Para cuando preguntó qué estaba pasando, mi papá ya le había cortado la cola al perro y había terminado su horrible "obra maestra".

"Juan, ¿qué está pasando? ¿Por qué está llorando Sergio?"

"Pos yo qué sé. Él quería un perro con orejas picudas y cola corta. Yo se las corté pa' que quedara como él lo quería. Fue lo que pidió."

Corrí hacia mi abuela, la abracé con fuerza y grité:

"¡Yo no quiero ese perro! ¡Ya no quiero perro! ¡No quiero nada!"

Mi abuela regañó a mi papá por destazar al pobre animal y por hacerme participar. Yo tenía seis años, por el amor de Dios. Ella hizo que mi papá se llevara al perro y se deshiciera de él. No sé a dónde lo llevó. Solo sé que salió con un perro… y regresó sin uno.

Me tomó treinta años volver a tener otro perro. Y aun así, era un perro para trabajar. Me tomó seis años más tener realmente una mascota.

Recuerdo contarle esta historia a un amigo mío, Adrián, con quien fui instructor post-academia por casi tres años. Nos reíamos, preguntándonos si mi papá habría robado ese pobre perro de otro vecindario y luego lo devolvió todo destrozado. Quienquiera que lo haya visto después debió haberse preguntado qué diablos le había pasado.

Dicho eso, terminé convirtiéndome en manejador canino en la Patrulla Fronteriza. Lo curioso de ser manejador en la estación de Falfurrias era que, en aquel entonces, rara vez se nos permitía trabajar a nuestros caninos en el monte. A mí me encantaba trabajar en el monte, así que eso se convirtió en una gran desventaja. Aunque disfrutaba ser manejador canino, no me gustaba estar atrapado en el retén todos los días.

Mi canino se llamaba Bieko, un increíble pastor belga malinois. Cuando regresamos por primera vez al retén después de mi entrenamiento y certificación, Bieko —como la mayoría de los perros— estaba un poco asustado de trabajar tan cerca del tráfico vehicular. El sonido de los frenos de aire de los tráileres explotando junto a nosotros, el calor del escape y el espacio tan reducido entre carriles afectan mucho la efectividad de un canino. Con el tiempo, la mayoría se acostumbra a esas condiciones y terminan trabajando sin problemas.

Nuestro primer caso de narcóticos fue uno pequeño: cincuenta y tres libras de marihuana escondidas dentro del tanque de gasolina de un viejo Crown Victoria. Tristemente, no pude felicitar a Bieko como se merecía por alertar sobre el vehículo porque enseguida nos enviaron a respaldar a un patrullero estatal que había solicitado asistencia canina en la autopista 281.

Aun así, fue un buen caso, y pude localizar los bultos gracias a la ayuda de otro manejador canino, Eleno. Afortunadamente, siempre hay un agente sénior dispuesto a ayudar cuando estamos empezando algo nuevo en la patrulla. Esa es una de las grandes cosas de esta agencia.

En otra ocasión, un tráiler se detuvo para su inspección migratoria. Bieko y yo estábamos trabajando ese carril junto con el agente primario. De pronto sentí que Bieko jaló la correa con fuerza, y lo seguí. Corrió directo hacia la parte trasera del tráiler. Pensé que la caja traía cuerpos o narcóticos; nunca lo había visto jalar así.

Cuando llegó a la parte trasera, asumí que iba a olfatear las uniones de las puertas. Me equivoqué. Bieko siguió corriendo más allá del tráiler y se alejó del retén. De ese lado hay una cerca pequeña que delimita una parte del King Ranch. Bieko corrió hacia ella y la saltó sin perder el paso… y yo seguía sosteniendo su correa.

No había manera de que yo saltara esa cerca, y tampoco quería jalar la correa; necesitaba que se mantuviera en el rastro que había detectado. Terminé cayendo de cabeza por encima de la maldita cerca y me di un buen golpe al aterrizar. Mientras tragaba arena, solté la correa sin querer… y Bieko se fue.

Me levanté y comencé a correr tras él lo más rápido que pude. El único pensamiento en mi mente era: *voy a perder a Bieko*. Y eso no habría sido nada bueno, especialmente porque apenas llevaba poco tiempo como manejador. Grité hacia el retén:

"¡Perro suelto!"

Podía ver dónde el zacate alto se abría mientras Bieko corría entre él. Corrí detrás de él unas cincuenta yardas hasta que finalmente vi por qué se había lanzado así.

Bieko estaba caminando alrededor de un pequeño grupo de UDAs, mirándolos hacia arriba como si les estuviera preguntando dónde estaba su juguete. Después de todo, había hecho un excelente trabajo encontrándolos.

Este fue nuestro primer grupo; diría *juntos*, pero la verdad, fue todo Bieko.

Nuestro caso más grande juntos fue uno de 8,400 libras de marihuana transportadas dentro de un tanque de aceite. Yo estaba trabajando el turno de medianoche y el tráfico era mínimo. Cuando ese tráiler llegó, Bieko casi perdió la cabeza. Quería brincarse al tanque de aceite. Ni siquiera intenté usar señales de mano; era demasiado obvio que había detectado un olor fuerte. Le dije al agente primario, Nathan, que moviera el vehículo a secundaria para una inspección más exhaustiva. Como no había más vehículos en la fila, escoltamos el tráiler juntos al área secundaria.

Nathan entrevistó rápidamente al conductor sobre su ciudadanía y destino. El hombre dijo que iba rumbo a Houston, Texas. Corrí a Bieko otra vez alrededor del tractor y de la caja, y seguía queriendo subirse al tanque. Le dije a Nathan que yo me quedaría con el conductor y le pedí que abriera uno de los registros de arriba para echar un vistazo al interior.

Mientras Nathan hacía eso, yo me quedé con el conductor y empecé a presionarlo.

"¿A dónde dijiste que llevas esto?"

"Houston, Texas, señor."

"¿Y qué traes dentro del tanque?"

"Se supone que es agua, señor."

¿Agua? Dentro de un tanque de aceite, marcado con señalamientos de materiales peligrosos por todos lados.¿En serio, compa?

"No te pregunté qué *se supone* que traes. Te pregunté qué chingados hay en el tanque."

El Tinman dentro de mí ya había salido tirando golpes. Nunca he tenido paciencia para respuestas pendejas a preguntas simples.

Debió ser mi tono lo que alertó a Nathan, porque empezó a llamarme. Lo vi hablar, pero no podía escucharlo bien.

"¿Qué dijiste?"

Lo intentó otra vez, supongo tratando de ser discreto porque yo estaba solo con el conductor. Bueno… solo entre comillas, porque Bieko estaba ahí, ansioso por conseguir su juguete.

Finalmente, Nathan metió la mano en el registro, sacó un bulto y me lo mostró. Inmediatamente miré al conductor.

"¿Agua, eh?"

El conductor me miró con una expresión de derrota, listo para hablar.

"¡No digas ni una chingada palabra hasta que te lea tus derechos! Luego puedes decir lo que se te dé la gana."

Tomé el micrófono de mi radio y di el código para narcóticos. Segundos después, varios agentes salieron corriendo del retén hacia nuestra ubicación. Recompensé a Bieko con su juguete y lo felicité un buen rato. Había hecho un trabajo increíble y acababa de lograr lo que sería nuestro decomiso más grande.

Seguí trabajando con Bieko dos años más.

Pude sacar a Bieko al campo unas cuantas veces para rastrear grupos en el monte. Era increíble allá afuera, y afortunadamente, nunca mordió a nadie de los que atrapamos. Recuerdo varios grupos persiguiéndolo mientras yo lo dejaba tomar rastro y correr. Agentes como Santiago y Eliud trabajaban los ranchos rastreando con nosotros, y todos quedábamos impresionados con las habilidades de Bieko.

Aun así, el hecho de que alrededor del 95 % de nuestro tiempo lo pasáramos en el retén seguía siendo frustrante para mí. No podía quitarme esa sensación de encima y, después de dos años, estaba listo para soltar la correa.

Se había abierto una posición de oficial de entrenamiento en nuestra ubicación del cuartel general, y yo había solicitado para ella. Un día, estando de licencia, recibí una llamada de uno de mis supervisores caninos informándome que había sido seleccionado para la posición y preguntando si aún estaba interesado. No lo dudé. Le dije que sí y pregunté cuándo debía comenzar.

Una semana después, me despedí de Bieko y entregué mi correa.

Ya había sido un oficial de entrenamiento en el campo (FTO), y buscaba el siguiente paso en mi carrera. No es que no disfrutara lo que hacía, pero creo que entrenar a otros ha sido una de mis experiencias más gratificantes. Quizás no sea únicamente el acto de entrenar, sino el poder compartir lo que sé. Compartir una perspectiva o una mentalidad diferente con otros agentes siempre me ha resultado valioso.

Antes de convertirme en FTO, le pedí consejo a varios de los agentes sénior que me habían entrenado cuando llegué a Falfurrias. Mi mayor preocupación era no estar listo y terminar formando agentes mediocres. Los agentes que entrenamos deben ser capaces de valerse por sí mismos cuando trabajan junto a los agentes sénior. Tienen que ser capaces de desempeñarse bajo cualquier circunstancia. Uno nunca sabe cuándo todo puede desmoronarse, y aun así se espera que un agente reaccione adecuadamente, sin importar con quién esté trabajando.

Supongo que es justo decir que yo buscaba la "bendición" o validación de quienes me habían entrenado: agentes como Rudy, Wiley, Rubén, Quicks y Tali, por nombrar algunos. Ellos habían sido fundamentales durante mi "crianza" en la patrulla. Si ellos podían decirme honestamente que estaba listo para entrenar a otros, entonces lo haría.

Desafortunadamente para los aprendices, todos coincidieron en que yo estaba más que preparado para formar a nuevos agentes.

Me asignaron a una compañera por un período de seis meses. Durante ese tiempo entrenamos a dos grupos distintos de agentes. No la tuvieron fácil y, según lo que todavía me dicen, fui un poco idiota con ellos durante el entrenamiento. Bueno… tal vez más que un poco.

Lo bueno de entrenar a otros es que te obliga a mantenerte en control y dominar por completo el material que estás enseñando. Tenía que prepararme para cualquier pregunta que pudieran hacer. Y tener una compañera hacía todo más fácil: podíamos intercambiar ideas, comparar enfoques y decidir cuál era la mejor manera de enseñar cada tema.

Por supuesto, yo incorporé varios métodos de entrenamiento que había usado en el ejército, lo que significaba que las cosas a veces se ponían bastante locas y caóticas. Siempre he creído que, después de enseñar algo, llega el momento en que debes poner a prueba lo aprendido. Esto era más evidente cuando entrenábamos a los agentes en cómo rastrear grupos en el monte. Una vez que recibían toda la información sobre cortar rastro y seguir huellas, teníamos que dejarlos trabajar solos para que aplicaran ese conocimiento. Solo así podían cerrar la brecha entre lo aprendido en el salón de clases y lo que realmente se enfrentaban en el campo.

Algunos aprendices eran más lentos que otros, así que teníamos que usar distintos métodos de entrenamiento. No todos aprendemos igual. Y la mayoría de ellos necesitaba un poco más de "motivación"… motivación que generalmente se daba con el uso efectivo de cierto vocabulario colorido. De vez en cuando también jugábamos algunos juegos mentales, solo para mantenerlos alerta.

Por ejemplo, al final de cada semana de entrenamiento, Melissa y yo llevábamos a todos los aprendices a una sala de conferencias. Ahí discutíamos todo lo aprendido durante la semana. Pero como no queríamos que supieran exactamente qué tan bien (o mal) lo estaban haciendo, teníamos que regañarlos un poco.

Algunas de las frases comunes eran:

- "¡Necesitas ponerte las pilas, carajo!"

- "¡Saca la cabeza de tu trasero!"

- "¡Deja de ser un mediocre; eso no te va a llevar a ninguna parte conmigo!"

- "¡No quiero escuchar lo que tu papá te enseñó! ¡Tu papá no está aquí para entrenarte, yo sí!"

- "Quiero que vayas a casa esta noche y le sueltes una bofetada a tus papás por haberte arruinado como lo hicieron."

Y, por último:

- "Quiero que realmente piensen este fin de semana. Algunos de ustedes deberían considerar cambiar de carrera. ¡Me siento rodeado de idiotas!"

Un agente sénior y gran mentor, *El Dude*, siempre usaba una frase clásica: "¿Cómo diablos puedo volar como un águila cuando estoy rodeado de pavos?"

Debo admitir que yo también la he usado algunas veces a lo largo de los años.

La mayoría de esos agentes ahora me dicen que odiaban los viernes. De hecho, los llaman *sus viernes de desahogo*. Me cuentan cómo se iban a casa cada semana preguntándose qué diablos estaban haciendo mal. Yo era bastante bueno haciéndoles creer que no estaban haciendo ni una maldita cosa bien.

Lo que ellos no sabían era que, en realidad, estaban progresando bastante. Simplemente no quería que lo supieran tan temprano en el entrenamiento. Necesitaban mantenerse abiertos a nuevas tácticas e ideas. Necesitaban comprender que siempre hay algo que aprender, sin importar qué tan buenos lleguemos a ser en nuestro trabajo.

Si se iban a casa convencidos de que sus métodos apestaban, regresarían la semana siguiente motivados a mejorar, a ajustar esos métodos o a intentar algo distinto.

Al final, solo los agentes que entrenamos —y quienes trabajaron con ellos— pueden decir si nuestro método funcionó. Yo creo que sí, y creo que ambos grupos de aprendices resultaron bastante buenos. Nosotros podemos enseñarles; lo demás depende de sus propias personalidades.

Este nuevo trabajo que había aceptado era diferente. Se trataba del entrenamiento *post academia*. En esta fase, los agentes ampliaban todo lo que habían aprendido en la Academia de la Patrulla Fronteriza, pero ahora guiados directamente en cómo aplicar esa información en el campo. Me emparejaron con Alaniz para este esfuerzo, y resultó ser una asignación extremadamente productiva de tres años.

Cuando Alaniz y yo empezamos, éramos solo instructores post academia. Para el final de nuestra asignación, ya se nos permitía:

- supervisar el programa sectorial de oficiales de entrenamiento en el campo,

- asistir y enseñar partes del entrenamiento para agentes sénior y oficiales de carrera,

- participar en la certificación de nuevos instructores,

- formar parte de paneles de contratación y eventos de reclutamiento.

Todo esto fue posible gracias a la guía de nuestros supervisores, Fernie y Oscar, quienes nunca nos limitaron; al contrario, nos animaron a hacer más de lo que nuestras funciones exigían.

Cubrir el mismo material una y otra vez con diferentes grupos puede volverse monótono, así que Alaniz y yo tuvimos que encontrar maneras de hacer las clases más interesantes. A veces las cosas se volvían graciosas sin siquiera intentarlo —ya fuera porque nosotros creábamos accidentalmente una situación cómica o porque los aprendices hacían preguntas absurdas o contaban historias del campo. Caray, incluso teníamos una manera de convertir algo serio en una broma.

Recuerdo una mañana en la que llegué al trabajo sintiéndome extremadamente cansado. No había dormido bien y me sentía fatal, pero tenía que encontrar la manera de despertarme porque una de mis clases estaba repasando para un examen y yo tenía que dirigir el repaso. Me detuve en una gasolinera camino a la estación y compré la bebida energética más grande que pude encontrar.

Cuando llegué a la oficina, le dije a Alaniz y a nuestro reclutador, Pete, que no había dormido lo suficiente y que me sentía de la patada.

Los tipos comenzaron a reírse en cuanto vieron la enorme bebida energética en mi mano.

Aproximadamente una hora después de comenzar el repaso con la clase, Pete y Alaniz entraron al salón y me ofrecieron una pastilla de preentrenamiento. En ese tiempo yo no sabía mucho de esas cosas, y mucho menos qué efecto podría tener en mí. Solo escuché que, según ellos, me ayudaría si todavía me sentía "lento". Pensé que no haría daño… y me la tomé con lo que quedaba de mi bebida energética.

Hombre, qué error.

Una hora más tarde, Alaniz regresó al salón para ver si necesitaba ayuda. Yo no lo sabía, pero él había estado parado al fondo del salón varios minutos antes de que yo lo notara. Cuando por fin lo vi, caminé hacia él.

"Hey, bro, ¿qué onda?"

"Dude, ¿qué onda contigo? Estás brincando por todos lados."

"¿Qué? ¿Cómo que estoy brincando por todos lados?"

"Tinman, te estás sentando y levantando cada pocos segundos. Caminas rapidísimo arriba y abajo por el pasillo entre diapositivas, y estás hablando a mil por hora. Caray, ¡ni siquiera puedo seguirte con el repaso!"

"¿En serio?"

"Sí, hombre. ¿Estás bien?"

"Pues… me siento un poco tembloroso, pero bien."

"¿Tembloroso?"

"Sí, bro. Me tomé esa pastilla que tú y Pete me dieron."

Alaniz abrió los ojos.

"Santa mierda, Tinman. ¿Te la tomaste con esa bebida energética? ¡Con razón estás saltando por todos lados! Caray, prácticamente estás rebotando en las paredes."

Alaniz le dijo a la clase que tomara un descanso y se echó a reír. Incluso llamó a Pete para contarle todo lo que yo estaba haciendo. Después de un rato de burlas, llamé a la clase de regreso y seguí con el repaso. De alguna manera logré controlar los temblores y bajarle a la velocidad para que los aprendices pudieran seguirme y el repaso fuera efectivo.

Al final del día, toda la clase pasó el examen.

Nunca he vuelto a mezclar un preentrenamiento con una bebida energética.

Teníamos formaciones todas las mañanas con nuestros aprendices, y después nos reuníamos con ellos para ponernos al corriente y ver cómo les estaba yendo en sus respectivas estaciones. Yo, por supuesto, aprovechaba cualquier oportunidad para molestarlos… y a veces también a Alaniz, usando tácticas militares de la vieja escuela.

Esperaba a que Alaniz le diera una instrucción a un aprendiz, y luego iba con ese mismo aprendiz a fingir que lo estaba regañando.

"Más vale que no hagas lo que el señor Alaniz te dijo. Esa mierda es una locura. Caray, él está loco; nomás míralo… tiene un ojo loco."

"Señor, no sé… el señor Alaniz me dijo que hiciera esto."

"¿Ah, sí? ¿Entonces ahora el señor Alaniz tiene más rango que yo? ¿Eso me estás diciendo, aprendiz?"

"No, señor. No estoy diciendo eso en absoluto."

"Entonces… ¿estoy escuchando cosas? ¡Soy yo el que está loco y escucha voces! ¿Me estás llamando mentiroso, aprendiz?"

"No, señor. No estoy diciendo nada."

"Entonces siéntate y sigue las últimas instrucciones que recibiste. Pero ni se te ocurra hacer lo que dijo el señor Alaniz."

"Sí, señor."

Esperaba unos minutos para asegurarme de que el aprendiz *no* siguiera las instrucciones de Alaniz… y luego iba a buscarlo.

"Hey, bro. Pensé que le dijiste a ese aprendiz que hiciera algo."

"Sí, hombre. Me pregunto qué está tardando tanto."

"Pues acabo de pasar por el salón, y el aprendiz está sentado platicando. Ignoró por completo tu orden. No está haciendo ni madre."

Alaniz normalmente perdía la cabeza. Ver su reacción siempre era impagable. Yo lo seguía mientras se acercaba al aprendiz exigiendo saber qué estaba tardando tanto. Después de unos segundos, todo terminaba en un juego de "quién dijo qué" hasta que yo empezaba a reír… y todo volvía a la normalidad.

Otros instructores que terminaron trabajando con nosotros también se unían al relajo. Se burlaban de mí cada vez que me preparaba para dar un discurso a un grupo de aprendices o agentes sénior. Decían que me ponía tan serio que podían ver la bandera estadounidense ondeando detrás de mí… y un águila calva aterrizando en mi hombro mientras hablaba.

El entrenamiento siempre fue divertido, y me atrevo a decir que todos aprendimos muchísimo durante nuestro tiempo en el departamento.

Capítulo 18

En Conclusión

Después de completar mi asignación en el departamento de entrenamiento, regresé a mi estación de servicio en Falfurrias. Seis meses después recibí el ascenso al rango de agente supervisor de la Patrulla Fronteriza (SBPA). Llevaba años intentándolo y tuve la fortuna de finalmente lograrlo. Pero ser SBPA también mantiene a uno alerta: debemos conocer a fondo nuestro trabajo y dominar las funciones administrativas que impactan a nuestros agentes. Es una enorme responsabilidad, y no debe tomarse a la ligera. Una vez más, me encontraba en una posición que me permitía hacer más por la patrulla y compartir mis experiencias y conocimientos con los demás.

Un año después de mi ascenso, pude transferirme a lo que se considera una estación de línea. Esta nueva asignación me colocó mucho más cerca de casa y eliminó el temido viaje de noventa minutos. Después de diez años trabajando en una estación de retén, la transición fue… interesante. El área de responsabilidad de mi nueva estación abarca parte del mismo Río Grande, y aprender esta faceta del trabajo no hizo más que reforzar mi opinión de que posiblemente tenemos uno de los mejores empleos del mundo. Hay tanto por hacer dentro de la patrulla. El temor de dejar atrás a un gran grupo de agentes en Falfurrias resultó infundado. Lo digo porque ahora continúo mi carrera junto a otro excelente grupo de agentes en mi nueva estación.

Lamentablemente, perdí a mi madre poco después de comenzar esta asignación. Nuestra relación había sido distante desde que tengo memoria. Por una razón u otra, mi mamá y yo casi nunca vimos las cosas de la misma manera. Desde el día que dejé mi hogar para unirme al Ejército, ella exigió que la apoyara, y la apoyé hasta su último día. Tal vez sintió que era mi deber por ser su único hijo y porque nunca volvió a casarse. Cumplí con lo esperado, pero creo que esa misma expectativa contribuyó a la tensión entre nosotros.

Aun así, en las buenas y en las malas, espero que haya sabido cuánto la amaba. Me enseñó tanto en la vida, y por ello estaré eternamente agradecido. Me digo a mí mismo que sacrificó nuestra relación de madre e hijo cuando me dejó al cuidado de mis abuelos para darme una vida mejor. Deseo que haya estado satisfecha con el resultado, y espero con ansias el día en que pueda preguntárselo.

Los últimos siete años han sido un desafío. Hubo momentos en los que estuve listo para renunciar, y fueron tiempos difíciles. No habría podido superarlos sin mi esposa. Ella es una mujer extraordinaria. Gracias a su apoyo inquebrantable y su insistencia amorosa, regresé a la escuela y obtuve una maestría en gestión organizacional. Ella realmente me impulsa a ser una mejor persona.

Curiosamente, mi esposa también estuvo en el ejército. Aunque no nos conocimos mientras servíamos, ambos estuvimos estacionados en Fort Hood, Texas, al mismo tiempo. También coincidimos en Alemania. A pesar de haber estado en los mismos lugares, servíamos en unidades distintas; aun así, es muy posible que ella haya sido la persona a la que acudí más de una vez por cualquier asunto relacionado con el pago de mis soldados o el mío propio, ya que trabajaba en las oficinas de finanzas donde yo tenía que presentarme cuando surgía algún problema. Definitivamente es un mundo pequeño.

Estuvimos en los mismos lugares durante aproximadamente seis años, sin embargo, no nos conoceríamos hasta después de que ambos salimos del servicio con baja honorable. Ella continúa sirviendo al gobierno, ahora en el departamento de recursos humanos en una oficina de Asuntos de Veteranos aquí en el Valle del Río Grande. Tenemos una hija hermosa que disfruta de todos los beneficios de nuestro trabajo. No creo que ella diría que las cosas son fáciles —tener dos padres veteranos no siempre es sencillo— pero bueno, ¿qué saben los niños hoy en día?

He visto altibajos y he tomado lecciones tanto de lo bueno como de lo no tan bueno. He cometido muchos errores en el camino y he tratado de aprender algo de cada uno. He sabido a quién emular… y también en quién no quiero convertirme. A lo largo de mi vida he interactuado con tantas personas y personalidades distintas. Soy lo suficientemente afortunado para decir que todos aquellos que dejaron una impresión en mí ayudaron a moldear a la persona que soy hoy.

Siempre le digo a la gente que todos aprendemos unos de otros. La persona más nueva en el trabajo puede aprender mucho de quienes tienen más antigüedad, y viceversa. Todos aportamos algo; la clave está en descubrir qué es ese "algo". Y ese proceso de descubrirlo es lo que hace interesante el camino.

Hay momentos en los que simplemente me siento en el patio, junto a la parrilla, con una bebida fría en la mano. Miro a mi alrededor y absorbo el momento. Lo que he logrado en la vida puede no parecer mucho para algunos, y está bien. Para mí es más que suficiente. Claro, eso no significa que haya terminado. Mi búsqueda por avanzar en mi carrera continúa, y mi deseo de aprender de quienes me rodean parece no tener fin.

Así que, mientras espero pacientemente los nuevos desafíos que la vida y mi profesión tienen reservados para mí, tomo otro sorbo de mi bebida fría, miro la bandera estadounidense en mi patio y doy gracias. Agradezco a mis padres por todo lo que sacrificaron para darme las oportunidades que he tenido. Agradezco a quienes decidieron tomarme bajo su ala y guiarme para ser un mejor soldado, agente y ser humano. Y agradezco a Dios por ayudarme a superar los tiempos oscuros de mi vida y por todas las bendiciones que me ha concedido.

Pienso en dónde comencé. Pienso en esos campos de cultivo y en el único sueño que tuve de niño: romper el ciclo de ser un trabajador migrante. Miro atrás al tiempo que pasé en el ejército y a la carrera que he tenido hasta ahora en la patrulla. Recuerdo a todos los grandes mentores que he tenido a lo largo de mi vida: mis padres, el Jefe Milyo, el Sargento de Estado Mayor Dula, Arnold, El Dude, Wiley, Rudy, Ruben, Tali, Chief, Fernie, Oscar, Gene y mi esposa. Ellos, junto con muchos más, me han dado un profundo sentido de orgullo.

Las cosas que he logrado —pocas o muchas— me dan un sentido de orgullo. Mi familia me da un sentido de orgullo.

Mi bandera, mi país, mi servicio... son también razones para sentirme orgulloso.

En el pasado, y posiblemente incluso en el futuro, mi crianza y mis raíces han sido cuestionadas. Pero esas también son razones para estar orgulloso. Nunca olvido dónde comencé ni de dónde vengo. Aparte de mi esposa e hijos, mis raíces siguen siendo una parte fundamental de mi motivación.

De vez en cuando, debido a mi trabajo en la patrulla, mi nacionalidad ha sido cuestionada. Y probablemente seguirá sucediendo. No entiendo por qué. Sí, soy de ascendencia mexicana, pero soy estadounidense de principio a fin.

Un día, mientras trabajaba en el retén, un hombre blanco de edad avanzada pasó por el carril de inspección donde yo estaba. Cuando se detuvo, caminé hacia la parte trasera de su camioneta pickup, miré por la ventana y revisé visualmente el interior. No vi nada que despertara sospechas, así que mantuve mis preguntas simples.

"Hola, señor, ¿cómo está hoy?"

"Estoy bien, joven. ¿Podemos apurarnos?"

"Claro que sí, señor. ¿Hacia dónde se dirige?"

"Voy a casa, a San Antonio. Pero eso no es asunto suyo."

Sonreí y miré al manejador canino que trabajaba conmigo. Él señaló que el vehículo estaba limpio.

"¿Es usted ciudadano estadounidense, señor?"

El hombre suspiró con impaciencia y me lanzó una mirada de absoluto desprecio.

"Joven, ¡soy más estadounidense de lo que tú jamás serás!"

Un pensamiento cruzó mi mente de inmediato: *¿Este tipo está hablando en serio?*

Respiré hondo y decidí pasar unos segundos más con él… para darle una pequeña lección de historia sobre de dónde vengo.

"Tal vez, señor. ¿Quién puede decirlo? ¿Puedo hacerle una última pregunta?"

"Si eso me saca de aquí, adelante."

"¿Alguna vez sirvió en el ejército, señor?"

"No. Nunca tuve que hacerlo."

"Yo tampoco tenía que hacerlo, pero aun así serví diez años de servicio activo. También me desplegué durante ese tiempo. Tuve que hacer y ver cosas que espero que mis hijos nunca tengan que experimentar."

"¿Ah, sí?"

"Sí, señor. Así es. Y después de esos diez años, ahora me tiene aquí vistiendo otro uniforme verde, todavía sirviendo a mi país. Lo curioso es que tampoco tenía que hacer esto."

"¿Y usted considera que esto es servir a su país? ¿Cómo es eso?"

"Bueno, señor, dice que vive en San Antonio. Sabiendo que este retén está aquí, dígame: si alguna vez apareciera un terrorista en su ciudad, ¿a quién cree que cuestionarían o revisarían primero?"

El hombre permaneció callado.

"¿Cree que los medios no nos destrozarían al saber que se supone que debemos inspeccionar cada vehículo y cada persona que pasa por aquí?" "¿No nos culparía usted —o más bien, me culparía a *mí*— por no haber detenido a ese individuo?"

El hombre mayor parecía perplejo. Finalmente habló:

"Joven… quiero decir, señor. ¿Puedo hablar con su supervisor, por favor?"

La petición me tomó por sorpresa. Tomé el micrófono y pedí a un supervisor. Luego guié al hombre a secundaria para que pudiera apartarse del carril de inspección.

Minutos después, mi supervisor me llamó para que me acercara. Caminé sin saber qué esperar.

"¿Sí, señor?"

El hombre dio un paso hacia mí y extendió la mano.

"Joven, quiero disculparme por haber sido tan grosero. Ya le dije a su supervisor el gran trabajo que está haciendo. Solo quería agradecerles personalmente por lo que hacen."

No lo vi venir. Le estreché la mano, agradecí sus palabras y le deseé un buen viaje a casa.

Supongo que aquella pequeña lección sobre mi procedencia y sobre lo que realmente hacemos en la patrulla surtió efecto. Bueno fuera funcionara siempre.

Estos son solo algunos de los momentos que han moldeado quién soy hoy: capítulos de servicio, sacrificio y aprendizaje que me recuerdan constantemente de dónde vengo, lo que he defendido y por qué sigo adelante.

A través de ellos he aprendido que el orgullo no nace de la perfección, sino de la perseverancia. Nace del servicio, de la gratitud y de la voluntad de levantarse una vez más cuando la vida intenta derribarnos. Nace de entender que, aun cuando el camino es duro, cada paso construye algo más grande que uno mismo.

Cada desafío, cada pérdida y cada victoria ha definido el trayecto que me trajo hasta aquí.Cada mentor, cada amigo, cada persona que cruzó mi vida dejó una huella que sigo llevando conmigo.Cada uniforme que he usado —el militar y el verde de la patrulla— me ha recordado que servir exige carácter, disciplina y corazón.

Pienso en mis raíces, en los campos de cultivo donde todo comenzó, y en un niño que soñaba con romper un ciclo.Pienso en mi familia—mi esposa, mis hijos—y en cómo ellos mantienen vivo ese sueño.Pienso en mi país, en mi bandera, en todas las oportunidades que nunca habría tenido de no haber nacido donde nací.

A veces, debido a mi trabajo, mi nacionalidad ha sido cuestionada. Probablemente seguirá siéndolo.Y está bien.Porque yo sé quién soy.

Soy hijo de migrantes.
Soy veterano del ejército de los Estados Unidos.
Soy agente de la Patrulla Fronteriza.
Soy esposo, padre, amigo, aprendiz y maestro.
Soy producto de sacrificios, de segundas oportunidades y de un camino recorrido con determinación.

Miro atrás al hombre que fui y miro adelante al hombre que todavía quiero ser. Me rodea una mezcla de humildad y gratitud por cada puerta que se abrió, por cada camino que se cerró, y por cada persona que me ayudó sin pedir nada a cambio.

Al final del día, cuando me siento afuera junto a la parrilla con una bebida fría en la mano y observo la bandera ondear en mi patio, recuerdo lo esencial:que el orgullo no está en lo que poseemos, sino en lo que superamos;no en lo que decimos, sino en lo que hacemos;no en dónde comenzamos, sino en cómo terminamos.

Mi historia no es perfecta.
Pero es mía.
Y es un testimonio de fe, familia y país.

Y por todo ello, seguiré siendo —sin duda alguna— **un orgulloso americano**.
Siempre agradecido.
Siempre adelante.

Mi uniforme enfundado. Mi esposa y mi hija lo enfundaron para mí y lo colocaron en nuestra oficina en casa para mi cuadragésimo cumpleaños.

Epílogo

El tiempo no borró mis recuerdos, pero finalmente me enseñó a vivir con ellos.

Durante años creí que la única manera de sobrevivir a lo que había visto, hecho y cargado era enterrarlo lo suficientemente profundo para que nadie —ni siquiera yo mismo— pudiera alcanzarlo. Pensé que el silencio era fortaleza. Pensé que resistir era sanar. Pensé que la responsabilidad significaba no detenerme jamás lo suficiente como para reconocer el peso que llevaba encima.

Pero la vida tiene una manera de obligarte a enfrentar aquello de lo que sigues huyendo.

La verdad es que los fantasmas nunca desaparecieron; simplemente aprendieron a quedarse callados. Vivían en el fondo, apareciendo en noches sin dormir, en destellos de sonido u olor, en los momentos en que la soledad era suficiente para que los recuerdos volvieran a hablar. Me tomó tiempo, madurez y también dolor entender que sanar no es olvidar. Sanar es dejar de permitir que el pasado te domine.

Hoy, al mirar atrás, veo mi vida dividida en capítulos muy distintos a los que creí estar escribiendo. Hubo capítulos formados por el deber, donde servir significaba sacrificar más de lo que entendía en ese momento. Capítulos sostenidos por el amor, donde mis hijos se convirtieron en la razón por la que seguí luchando por ser un mejor hombre. Capítulos marcados por la pérdida —perder a mi madre, perder versiones de mí mismo, perder personas que me importaban, perder la inocencia que alguna vez tuve—. Y capítulos construidos por la identidad, donde finalmente comprendí que ser estadounidense no se trata de dónde naciste, sino de quién eliges ser.

Todavía hay cosas que cargo.
Todavía recuerdo las voces de los niños que no pudimos salvar.
Todavía veo los rostros de los soldados que trajimos a casa y de los que no.
Todavía pienso en los compañeros que nunca regresaron.
Todavía escucho los ecos de momentos que desearía que hubieran terminado de otra manera.
Y también recuerdo a los agentes que hemos perdido con los años.

Cierta culpa nunca se va del todo —no porque hayas hecho algo malo, sino porque viviste algo que exigió demasiado del corazón humano—.

Pero ya no camino con esos fantasmas solo.
La paternidad me cambió.
La edad me cambió.
La pérdida me cambió.
La fe me cambió.
Y escribir este libro también me cambió.

Todo ello me obligó a desacelerar, a reflexionar, a perdonarme por lo que nunca estuvo en mis manos, y a aceptar al hombre en el que me he convertido después de tantos años intentando alcanzar al niño que alguna vez fui. Estoy lejos de ser perfecto —Dios lo sabe— pero aún estoy aquí. Y algunos días, estar aquí es suficiente.

Hoy me mantengo en pie como un hombre moldeado por cicatrices, por servicio, por errores, por resiliencia, por fe y por la esperanza de que el mañana siempre puede ser mejor que el ayer. Me mantengo en pie como un padre que desea que sus hijos hereden no mi dolor, sino mi determinación. No mi arrepentimiento, sino mi orgullo. No mi silencio, sino mi fortaleza.

No sé qué me depara el resto del camino, pero sí sé esto: cada día es una nueva oportunidad para construir la vida que alguna vez dudé poder tener. Cada capítulo por delante es mío para escribirlo con intención, con gratitud y con un corazón que finalmente ha aprendido a hablar con honestidad.

Si encontraste algo en estas páginas —consuelo, entendimiento, fortaleza o simplemente el recordatorio de que no estás solo— entonces compartir esta historia valió la pena.

Tu pasado puede moldearte, pero no define a la persona en la que te conviertes.
Tu dolor puede acompañarte, pero no decide tu futuro.
Y no importa dónde comience tu camino: tú tienes el poder de elegir hacia dónde te lleva.

Este es mi camino.

Y sigo siendo, hoy y siempre,
un Orgulloso Americano.

Agradecimientos

Este libro es más que una historia personal; es un reflejo de todas las vidas que se cruzan detrás de cada uniforme. Todos venimos de algún lugar. Todos cargamos un pasado. Todos tenemos un origen y una historia que, la mayoría de las veces, el público nunca llega a conocer.

Detrás del soldado, del policía, del agente federal, hay un hijo o una hija, un padre o una madre, un hermano, una hermana, un esposo o una esposa. Cada uno de nosotros lleva consigo los sueños, las luchas y los sacrificios de quienes nos aman, así como el peso de proteger a quienes confían en nosotros.

A todos ellos —a quienes sirven, a quienes esperan, a quienes nos sostienen, y a quienes caminan junto a nosotros en las sombras del deber— gracias. Gracias por recordarnos que la humanidad no se pierde con el uniforme; se fortalece con él. Gracias por ser parte esencial de mi camino, por permitirme formar parte de sus filas y por inspirarme a ser más de lo que alguna vez imaginé.

La grandeza de nuestro destino se pierde sin la memoria de nuestro comienzo.

— **Sergio A. Tinoco**